生きる目的

高嶋良次

たま出版

宗教を知らずして科学を語るは盲目
科学を知らずして宗教を語るは不具なり

――アインシュタイン

序章

二十一世紀の科学はすばらしい

二十一世紀になってからの宇宙学や物理学、数学の進歩には、目を見張るものがあります。その特徴は、多くのノーベル賞受賞者のタイトルに顕著にあらわれています。

なかでも特に目を引いた受賞は、物質をつくる「ヒッグス粒子」の存在を理論的に予言した、英国エディンバラ大学のポーター・ヒッグス名誉教授ら二人の理論です。十七番目の素粒子であるヒッグス粒子は、物質の元、起源とされており、「神の粒子」と呼ばれています。

この「神の粒子」がないと、原子の基をなす陽子も電子もできず、宇宙や地球、それに私たちの身体も存在することができません。私たちは「神の粒子」から形づくられているのです。

「神の粒子」の発見には、理論と実験の面で日本が重要な役割を果たしています。というのも、この理論は、ヒッグス粒子の存在を理論的に提唱した物理学者南部陽一郎氏の「自発的対称性の破れ」の発見がおおもとになっているからです。南部陽一郎氏は二〇〇八年のノーベル物理学賞を受賞されています。また、それを裏付けるために、世界最大の加速器「ＬＨＣ」や、日本の大学や研究所など十六の機関、約百名もの人々が参加していたようです。

科学の歴史

十六世紀　太陽が地球を廻っているという天動説が主流であり、天文学者コペルニクスによって地動説が提唱されたが無視されていた。十七世紀に物理学者ガリレオが地動説を肯定したため、宗教裁判で死刑に処せられた。

十九世紀　無学だったファラデーの行った実験によって、物理のエネルギー不滅、原因結果、波動共鳴、循環の四つの法則が発見され、ガリレオの発見した慣性の法則と合わせて五つの物理の法則が確立された。

二十世紀　理論物理学者アインシュタインによって相対性理論と特殊相対性理論が確立し、エネルギーと質量の関係方程式「$E=mc^2$」が示された。この方程式によって、心（意識エネルギー）に重さがあることが証明された。

二十一世紀　宇宙創造時の物質の元である「神の粒子」が発見された。また、これらを示すために、宇宙創造神の意識である「神の数式」「神の設計図」「神の暗号」などのタイトルが盛んに使われている。
二十一世紀の日本のノーベル賞受賞者は、小柴氏をはじめとして物理学賞八名、白川氏ほか化学賞五名、山中氏ほか医学生理学賞三名、全体で十七名が受賞している。

このようにすばらしい進歩を遂げている科学のなかで、人間にとって一番大切な精神科学の分野だけは、まだカヤの外のようです。
人間の本体である心や意識が肉眼では見えないため、どこにあって、どのような働きをしているのか、また、どんな形や色彩をしているのか、いまだに手探り状態なのです。

真の宗教

「宗教」という漢字は、「宇宙を示す教え」と書きます。ですから、宗教とは、本来、創造神による宇宙の創造、人類の誕生、人間と宇宙創造神の関係を通して、人間の万物の霊長としての使命が示され、宇宙の法である「心の法則」を解説し、正しい生き方を説くものです。

宇宙の法を忘れ、心をなくした人が増えることで人心が乱れ、末法の世になると、救世主が地上に遣わされて「正法神理」が説かれます。

世界三大宗教は、モーゼの十戒の教えと、お釈迦様・ブッダの説いた仏教の心の教え、その仏教に欠けていた愛の心の教えを補ったキリスト教です。

ブッダは、BC六五四年に中インドの釈迦族、カピラ城の王子ゴーダマ・シッタルダーという名前で誕生され、開眼・大悟されてブッダ（悟られた偉人）になられました。お釈迦様とは、「釈迦族の貴人」という意味です。

ブッダは二十九歳のとき、諸行無常を感じて出家され、バラモンの行である断食や座禅に励まれたのですが、悟りを得ず、バラモンの最終コースである山中生活でも悟りを得ることができませんでした。仕方なく、すべての修行を断念して、山里の菩提樹で身を休めていました。

そのとき、村娘の唄う歌を聞いたのです。

弦の音は　強く締めれば糸が切れ

弦の音は　弱くては音色が悪い
弦の音は　中程に締めれば音色が良い
調子合わせて踊れや　踊れ

この歌を聞かれて、苦楽の両極端を避けた中道の生き方が悟りへの道であることを悟られ、ブッダ（仏陀）として成仏されました。

ブッダがお悟りになると、それが評判になり、多くの弟子志願者が集まりました。やがて宿舎ができ、五百人近い男女がその宿舎、ベルベーナ（竹林精舎）で修行をはじめたのでした。

法華経の意味

ベルベーナ宿舎のトイレは、小川の上に小屋を建てたシンプルなもので、大小垂れ流しのものでした。その川下には溜池があり、純白のハスの花が咲いていました。

こんなエピソードがあります。

ブッダが弟子たちに仏法を説いたとき、そのハスの花を手に持ち、見せて、解るかい？と問われました。そうすると、摩訶迦葉尊者がニコリとうなずいた、というものです。

この禅問答のような問いは、いったいどういう意味なのでしょう。

ブッダの手にしたハスの花は、修行者たちの糞尿で育ったものでした。同じように、人間の体は目糞、鼻糞、大小便が溜池のようになっている汚い存在です。しかし、宿している心は、正法神理を学び実践すれば、ハスの花のように美しく精妙な心に昇華するのだ、ということです。

ブッダがこのように説かれた法話を記録した書物、それが「法華経」です。ですから、法華経は、僧侶が仏壇の前で「このように生きなさい」と読んで聞かせるものではなく、読む者自身が心を正して生きるための教科書なのです。

この法華経の教えのように、たとえ汚れた体に宿していても、本来の心は、ハスの花のように純白で精妙なものです。


これから本書で述べる内容は、宗教の真髄と、科学的な精神分析と実験の成果を通して「心」を発見しようとするものです。それによって仏教的な「悟り」に目覚めることができれば、生きる目的や運命のしくみも、おのずとわかっていただけると信じます。

生きる目的　目次

序章――― 1
二十一世紀の科学はすばらしい　1
真の宗教　3
第1章　なぜ生まれ、なんのために生きるのか――― 17
心を求めて幾星霜　18
心は意識エネルギー　24
宇宙と万物の霊長　25
陰と陽で万物はなる　26
あの世とこの世の関係　29
心と肉体の関係　31
生まれた目的　33

この世は人生大学　35
精神を失った日本　36
心なき人間が地獄をつくる　38
正しい宗教とは　39
日本の童話はスゴイ　41
桜の花の精からのメッセージ　46

第2章　心の発見――53

心は永遠を生きている　54
心はいずこにありや　54
見えるものはいつか消え去る　55
見えないものが永遠の実在　57
心は永遠の命です　58
心の証明Ⅰ　心の法則=物理の法則　59
心の証明Ⅱ　心の重さを量る　61
目に見える脳の機能　67

見えない電気を見る　70
人体意識の重さ　71
心と人体の関係　72
心は見えないから永遠　73
心と言葉　75
言葉は神なり　新約聖書・ヨハネ福音書　76
言葉は言霊・コトダマ　76
気は心なり　81
魂はひとりにあらず　85
宇宙と人間の関係　87

第3章　精神分析——91

仏説 五つの自我意識　92
精神の構造　92
二人の自我がいる　93
五つの意識　96

1　本能　96
2　感情　100
3　知性　104
4　理性　108
5　意志　109
善我は永遠の命　111
霊感　112
早朝の時間は金　114
瞑想内観法　116
仏説 般若心経　117

第4章　心の法則──121

物には物理の法則　心には心の法則　122
宇宙の法は万物を生かす神の心　122
憲法と宇宙の法の違い　123
神の愛が宇宙の法なり　125

大自然もまた宇宙の法　127
豊かさの原点　128
心の法則Ⅰ　心は不生不滅＝エネルギー不滅の法則　131
心の法則Ⅱ　輪廻転生＝循環の法則　134
心の法則Ⅲ　因果律＝原因結果の法則　138
心の法則Ⅳ　カルマ・業＝慣性の法則　143
心の法則Ⅴ　類は類を以て集まる＝波動共鳴の法則　146
悟りへの心構え　150
名前の神秘　152
以心伝心　157
不動心を養う　159

第5章　運命のしくみ――161

運命とは　162
この世に生まれる手順　164
運命を創造する　165

日本を選んだ理由　166
二十世紀に日本に誕生された宗教家　168
みずからの目的にあわせ運命を決めている　169
業の流転　174
一寸先は闇の意義　177
運命に関わる祈り　179
運命を変える方法　181
来世の運命は、老後の生き方で決まる　183
価値観をあらためる　184
己の身の丈を知る　186
偶然に見える現象　187
精神を鍛える道　188
大自然から学ぶ　189
神仏の懐のなかで命は運ばれている　192

第6章　自己完成への道――195

日本は天国に一番近い国　196
有終の美を飾る　197
振り返って見る　199
歴史から学ぶ　201
日本での失業救済の実績　203
悪しき宗教の慣習を断つ　206
自己完成へ　207
まず己を知る　208
貧しい心とは多くのものを欲する人　210
幸せは気づきと感謝報恩から　211
この世の延長があの世　212
天国への関所　三途の川　213
死は天国への誕生　216
天国とは　217
天国への帰り道　220

仏説　八正道　222
1　正しく見る　223
2　正しく思う　225
3　正しく語る　226
4　正しく仕事をする　227
5　正しく生活する　228
6　正しく精進する　228
7　正しく念ずる　230
8　正しく定に入る　231
今生もいつか終わる　232

あとがき――　234

第1章　なぜ生まれ、なんのために生きるのか

大昔から
私たちの魂は 極楽の天国に住んでいて
魂を高めるために 地上界の肉体に宿り
心を豊かに高めている 神の愛し子です。

心を求めて幾星霜

先の第二次大戦で、私の優しかった二人の兄が外地で戦死し、遺骨で帰ってきました。といっても、遺骨が入っているはずの白木の箱には、ただの木片に本名が書かれたものが入っていただけでした。その木片の裏に戒名、法名が書かれ、葬儀が行われました。

それからでした。なぜ、どうして、という疑問が心の底から湧いてきたのです。なぜ、死者に戒名をつけるのか。どうして、死者がその戒名を理解できるのか。なぜ、生きている人間にわからないお経が読まれるのか。それでどうして、死者が成仏できるか。

この質問をお坊さんに問うたら、子供には説明し難いことと一笑されて終わりでした。それからますます、肉眼では見ることができない心や精神のことを、なぜ、どうして、と考えるようになったのです。

天使が来た

そんな子供のころに小さな出来事がありました。

日本晴れの秋の日のことでした。両親の友達夫婦が、突然、真っ白な子犬を連れてやってきて、この子を貰ってくれ、というのです。

母は、私が面倒を見るならと許可してくれて、私は喜んで受けました。しかし、一つだけ不満がありました。その子犬の首輪に「エル」という名前が書かれていたからです。エルとはローマ字だとはわかっていましたが、そのころはまだ、犬の名前はポチとかシロとかクロが主流だったのです（そのときから五十年経ってわかったことですが、この「エル」という名は天国ではたいへん由緒ある名前で、七大天使ミカ・エル、ガブリ・エル、ラファ・エルのように、天使の称号と同じでした）。

そんな小さな不満はありつつも、エル君が来てくれてからは、わが弟として、いつも一緒で、野山で遊んでいました。すると、その名前に引かれるように、私に霊的な現象が次から次へと起こってきたのです。

なかでも強く印象に残っているのは、戦後間もない秋、夢のなかにあらわれた、今まで直接に見たこともなかった飛行機の姿です。飛行機が紺碧の青空を飛び去っていき、そのあとをプロペラのないジェット機が悠然と飛び去っていく光景。プロペラがないのにどうして……と疑問に思う間もなく、今度は宇宙空間に静止している建造物が見えるではありませんか。その夢を見てから約三十年後に、ようやく、夢で自分が見たものは宇宙船だったとわかったのです。

さらに、約六百年先の未来の夢もありました。そのときは、地球以外の星に案内されました。その星は、まだ人類が住んでいない未開の星で上陸は許されませんでしたが、遠くから見える海岸は白く美しく、その奥には密林のように樹木が茂っていて、公害がないせいか、空や海や陸地の美しさが強く印象に残っています。

天国へ訪問

まだ独身のころのある夜、こんどは天国へ誘われました。

最初に着いたところは、ゴルフ場のように綺麗に整備されていて、芝生と花壇と大きな松のような樹木が点在しているところでした。芝生の感触も高麗グリーンのように美しく、足ざわりはビロードを思わせる感触でした。

案内してくれた妖精の乙姫は無口でしたが、表情は豊かで美しく、言葉がなくても表情ですべてがわかります。彼女は、丘のバルコニーに置いてあったすばらしいグランド・ピアノでワルツを聞かせてくれました。その余韻で蝶々が舞うように踊り、私は時の経つのを忘れていました。

龍宮城の乙姫とはこのような女性なのだ、と実感しました。また、乙姫とは「音を秘める」の名のとおり、言葉を秘めた絶世の天女だということも実感しました。
このように天国へと誘われてから四十年ほど後のこと、立川の昭和記念公園で桜の花を愛でているときに、乙姫と思える妖精からメッセージが送られてきました。その内容は、この章の最後に述べます。

ブッダと心の出会い

お釈迦様（ブッダ）が日本に再誕生されていることは夢にも思っていなかったある日、静岡県掛川市のあるお宅に集金に出かけたときのことでした。応接間の書棚にある本から、夢幻のような声が聞こえてきたのです。

この本を読むように……。

その本は『心の原点』という題名でした。
それから私の人生が一変しました。また、お釈迦様の十大弟子の一人である舎利子が日本に転生されており、その方との奇跡のような出会いもあって、インド時代のように多くのことを教えていただくことができました。本書の随所にその教えがあらわれていると思います。

過去世が蘇る

それから三年後にも不思議なことがありました。大船の友人宅で六、七人集まっての勉強会でのこと、話を聞いてくれている女性たち全員の姿が、いつの間にか鎌倉時代と思われる十二単衣の姿に変わって見えたのです。

そして、会場で立って話をしている自分の意識も、いつの間にかその時代の意識で話をしていたのです。途中でこれはおかしいと気づき、我にかえると、女性たちの服装も自分の意識も元に戻りました。

勉強会が終わってから、主催者に、今日の話の途中からおかしなことにならなかったか、と尋ねてみましたが、いつもと変わらなかったよ、とのことでした。

こうした出来事が一回きりであれば偶然とも考えられますが、それからたびたび起こるので、仕事にも支障が出てしまいました。

そこで守護霊に、「過去世の意識があることがわかりましたので、この現象、現証を止めて下さい。そのかわり、この現証を伝えるために本として出版します」と祈りましたら、それから起こらなくなりました。

私は、約束を果たすために、心が「意識エネルギー」であることを証明する活動を続け、その一環として、心の重さを量る実験を繰り返し、ついに成功しました。

心の重さが量れれば、心が意識エネルギーである証明になります。その実験の結果は2章で詳しく述べます。

彩雲で祝福される

心を求めて五十年あまり、私はずっと、心が意識エネルギーであることを証明しようとしてきました。心がエネルギーであれば重さがあるはずだと、試行錯誤しながら実験を繰り返してきました。

そして、ようやく満足できる実験結果が得られたとき、その結果の報告のために、今世のブッダの生誕地である佐久平へ向かうことにしました。しかし、私は途中の交差点で、右に曲がれば佐久平であるところを、なぜか導かれるように反対に曲がってしまったのです。

その道は山へと続いていました。峠の中腹、少し開けたところにさしかかったとき、突然、目の前に見たことのない大きな虹のような輝く雲があらわれたのです。後から調べたところ、それは「彩雲」でした。また、その峠は「女神峠」というところでした。

心は意識エネルギー

私たちが、思ったり想像したりする「心」とは、意識エネルギーです。そして、エネルギーとは、「働きをなす能力・諸量」と物理学では定義されています。

心が意識エネルギーであるという理論が確立すれば、思いを巡らす能力が心であり、その心の意思によって「脳細胞」が指令され、人体を動かしていることになります。つまり、脳細胞の働きによって「心」が生ずるという理論が間違っていると証明される、ということです。

この世は時間と空間による三次元の世界で、肉体は三次元に属する、かぎりある存在ですが、心はエネルギー次元にあり、四次元以上の永遠不滅の存在です。私たちの心は永遠の命であるがゆえに、永遠の過去世から「輪廻転生」を繰り返し、「今」を生き、未来へと生き続けていきます。

ブッダが説かれた般若心経では、この心は「不生不滅」。生まれることもなく滅することもないと説かれています。また、肉体の眼・鼻・耳・口・身の五官は、あるように見えても実体がないものと説かれています。

五官による煩悩にとらわれているために人は「苦悩」をつくりだすのだから、五官にとらわれずに生きれば、一切の「苦厄」から解放され、解脱し、仏となれる（成仏とは悟った人という意味です）とブッダは教えたのです。

宇宙と万物の霊長

今、私たちが住んでいるところは、百三十八億年前のビッグバンによって創造され、現在も膨張を続けている宇宙、その宇宙の一部である銀河系の、そのさらに一部である太陽系のなかにある惑星です。

宇宙が、宇宙創造神の意識、「数式と設計図」などにもとづいた神のご意思である「神の粒子」によって創造・施工されたことは先に述べました。二十一世紀の科学で解明されたこの事実は、当然、地球上の自然から動植物まで、すべて神の御心によるものであって、偶然にできているものは皆無であり、神のご意思でないものはないと示しています。

だからこそ、私たちが住む自然は神のご意思の働きの結果であり、大きな大陸にも、またどんな小さな微生物にも神の御心が働き、すべてのものは調和し、互いに助けあい、補いあっているのです。永遠の繁栄と発展を続けている自然、「神の神殿」もまた、神の愛し子たる「人間」にすべて提供されています。

万物の霊長とは

人間には、万物の霊長として「神の神殿」を管理運営する使命が与えられています。人間はサルを祖先とした存在ではなく、神の身代わりとして創造され、地上界が人間に適した環境になってから地上に降ろされたものです。ですから、私たちの心は、大宇宙創造神の御心と同根であり、その意味で「神の子」といえるのです。

そして、万物の霊長である人間には「創造と行動」の自由が与えられています。

陰と陽で万物はなる

百三十八億年もたった今日でも、陽子を中心にして、電子がそのまわりを回転することによって物質が形成され、この世が形づくられています。この陰と陽の相反する特性の絶妙な原理が、大宇宙の基であり万物が存在する基本です。この陰と陽のバランスが崩れると、地球のすべてのものは、元のエネルギーに還ってしまいます。

なぜ男女なのか

人間も、男女という陰陽があって人間です。

その男女がたがいに支えあい、補いあい、助けあいながら愛を育めば、子孫が繁栄して自然も地球も繁栄します。この陰陽の原理に逆らえば人類は消滅するでしょう。男女が愛を育み子孫を繁栄させているから、自然も社会も発展し、人類は永遠に栄えるのです。

一日のなかでも陰陽はあらわれます。太陽の光が出る、かげる現象がそうです。これによって昼と夜ができて、万物は生育し豊かな実りを結んでいます。

もしこれが昼ばかりであったらどうなるでしょう。地上は砂漠化し、生物は枯渇してしまいます。では、夜ばかりだったらどうでしょうか。地上は寒冷化し、すべてのものが氷結して生命体は死滅してしまうでしょう。昼と夜とが極端にならず、絶妙なバランスをとることによって万物は繁栄していることがわかります。

四季の移ろい

昼と夜と同じように、一年には春夏秋冬の四季があります。

春に芽生えたすべてのものは、夏に成長して秋には実る。そうして冬には、また来る春のために命を永らえ、春が来ればいっせいに芽を出して花を咲かす。こうした輪廻転生の宇宙の法は、命を永遠に繁栄させるための法則です。この法に逆らって、春に芽を出す種を秋に撒いても、冬には腐ってしまいます。

人間の輪廻転生

人間の一生も、誕生から幼年、夢多き青年、働き盛りの壮年、働き終えた晩年の四つに区切ってみれば、四季のようなものです。その移ろいのなかで心を磨き、広く豊かな心に高めることが神の計らいであり、生きる悦びの源泉であるのです。

人間は、こうした一生を何千何万回と繰り返して、現在の自分があります。やがて現在の一生も終わるときがきて、心を整理してから生まれる前のあの世、天上界へ還っていきます。そのとき、この世での「思念と行為」、つまり思いと行いが、天国にふさわしいものであったのか、それとも、地獄のような生き方であったかによって、死後の世界が陰と陽の二つに分かれます。

あの世とこの世の関係

この世に生を受け長く生きていると、あの世なんかあるもんか、と思う方が多いようです。

しかし、真実を追い求めていると、あの世が本物で、この世のほうが「思念と行為」、すなわち思いと行いによって移り変わる夢、幻の世界であることが実感されてきます。

私たちは、「神の子」であり、人間に与えられている「創造と行動」の自由によって、各人それぞれの思いを行動に移し、思いどおりにことが運べば喜び、その逆の結果が出ると悲しみ、喜怒哀楽の人生劇場の主人公になります。そうして、時の過ぎゆくままに身を任せて、我にかえったときには、もう二度と現実をやり直すことはできなくなっています。そのときになって、天を仰いでため息をつき、私の人生はなんだったのか？　と問うたところで、手遅れです。

そうならないために、この世とはなにか、あの世とはどんなところなのかということを知って生きることが必要なのです。

あの世とこの世は隣り合わせ

この世とあの世の関係は、紙でいえば表と裏の関係です。表のあの世があるから、裏のこの世があります。光があれば影ができる関係です。映画にたとえれば、フィルム（思い）があるからスクリーン（この世）に映像が流れるのです。

あの世に私たちの魂の思いがあったからこそ、現象界のこの世に生まれ、思いを実現して喜びを得ます。体験によって心をより広く、豊かに高めるという成果を得るために、この世に生まれてくるわけです。

私たちは、あの世とは違い、時間と空間の限られた三次元の地上界に戸惑いながら、この世に生まれた「目的」を達成するために多くを学び、実践しながら知恵を身につけ、より心を磨き高めて、あの世で待っている魂の兄弟姉妹のもとへ帰ることを喜びとして生きています。ですから、この世は魂の留学先ともいえるでしょう。

ところが、この世での目的を忘れたうえ、あの世なんかあるもんか、などと斜に構えた態度で惑わされていると、この世かぎりの命だから自分本位で生きるとか、サル山のボスを真似たような、腕力にまかせたような行動をとってしまいます。すると、神を恐れぬ知略策略によって天下を取るような、地獄と同じ社会をつくることになり、結果的に天国への道を塞いでしまいます。

このような生き方には、神の意思である宇宙の法「心の法則」の裁きが待っています。心の法則については４章で詳しく述べます。

心と肉体の関係

心はエネルギー次元の存在で、その実体は個性を持った「意識エネルギー」です。それに対して肉体は、三次元の時間と空間のこの世で、寿命のかぎりを生きる生命体です。

心は、肉体の受胎と同時に宿って生命活動をはじめます。あの世で定めた「目的」を達成するため、日夜努力し、目標達成を夢見て生き、そのことに生き甲斐を感じる「善なる心」こそが、永遠の自分です。

肉体に寿命が来れば、心は肉体から離れて本来の住処であるあの世へ還り、この世での成果を喜びながら、再びこの世へ誕生できるチャンスを待つのです。これが、あの世からこの世へと転生している自分の真実の姿です。

もう一人の自分

真実の自分に対して、この世では、もう一人の厄介な自分が存在します。

そのもう一人の自分とは、肉体の意識からなる自分です。本来の自分は神の命をわが命として永遠に生き続ける自分ですが、肉体の意識からなる自分は自己中心の自分です。

自己中心の自分の心は、肉体保存を目的とした意識であり、肉体が生きているあいだの限られた自我意識です。これは偽りの心、偽我といいます。

二人の自分の関係

私たちがこの世に生まれ、生きているあいだは、神の心である善なる自分「善我」と、この世かぎりの肉体を守り保存しようとする偽りの自分「偽我」の、善と偽りの二人が合成された意識が自分の心となります。だからこそ、冷静に自己を見る眼が必要です。

このような心の仕組になっているために、善なる心を優先するか、それとも偽りの心を優先するかによって、その人の生き方や運命が決まってくるのです。物事を見るとき、自己中心の偽我を元にするか、それとも善我に立って見るかによって人格や品格が決まるということです。この事実を知らないことが、苦悩や不幸のはじまりです。

人には厳しいが己に甘い、などといわれるときは、自己中心の本能や感情といった偽りの心が主導権をもっているときです。

生まれた目的

私たちがこの世に生まれたときは、美しく豊かな心の万物の霊長、「神の子」であり天使でした。

それが、歳を重ねるごとに社会環境の影響を受け、本能や感情など肉体主導の意識が強くなり、肉体の快楽を求める思いや行動が、排他的で自己中心な自我が我欲の悪の意識を正当化していくようになります。その結果、あの世で計画していたこの世での「目的と使命」を忘れてしまい、己の煩悩で心を曇らせ、神の光をさえぎり、苦悩をつくり、苦痛に喘いでいるのです。

これは、みずからがつくりだしている苦悩ですから、みずから心を改めないかぎり苦悩から脱出することはできません。苦悩から脱出するために神社やお寺にお参りしても、そうした他人任せの行為で解決するものでもありません。他力本願の信仰ではだめなのです。

いま、物質文明一辺倒の現代社会において、宇宙の意思である「宇宙の法」を正しく理解することなく、お金や名誉や地位を優先する風潮が、黒い雲となって日本を覆っています。そのために神の愛の光がさえぎられ、自然界の波動を乱して天変地変が起こっています。こうした災害は偶然に起こるのではありません。歴史上でも、人心が乱れた「末法」の世に起こると語られているとおりです。

宇宙の法は、宇宙創造神の愛と調和の思いでつくられた法ですから、宇宙に遍満していて、いつ、どこでも、誰にでも平等に働き、その力は絶大です。

わかったこと

人間が、肉体とは異次元にいる「もう一人の自分」と、寝ているとき以外同居しているとわかってから、私は、なぜ、どうしてと、探究をはじめました。それと同時に、人間はなんの目的を持ってこの世に生まれ、生き、死後の自分はどうなってしまうのか、疑問に疑問を重ねて青春を過ごしました。

そうした青春時代を経て、家庭を持ち、それを維持するために刻苦努力しながら、晩年に入ってようやくわかったことは、一人ひとりの「心」こそが永遠の命であり、肉体はこの世かぎりの一時的な乗物であることです。お金や財産、名誉や地位を得るために生きるのではなく、自分の永遠の心を広く豊かに高める目的で、この世に生まれてきたことがわかったのです。

永遠の命である心の存在を忘れてしまうと、肉体に属する五官による煩悩によって、宇宙の法である心の法則を無視し、排他的な思いを中心にしたものの考え方や判断に陥ります。そしてそれに影響された行為の結果、お荷物として苦悩を背負うことになるわけです。

この世は人生大学

地上界を簡単に言いあらわせば、自由で、楽しくも厳しい修行の場、「人生大学」でしょう。

この世は神のご意思であり、御神体ですから、地上界は「神の神殿」ともいえます。人間は、神殿である学園のなかで、生まれた目的を達成すると同時に、平和なユートピアを築く使命を持った万物の霊長「神の子」です。

学園の講師は、宇宙であり自然です。正しい生き方の教科書は仏典であり、これは救世主ブッダが説かれた二千六百年前の教えが基になっています。仏典には、宇宙と心や肉体の関係などが具体的に「般若心経」で説かれていますし、また、正しい生き方として「八正道」が説かれています。

こうした仏典を仏壇にあげることは、仏像や死者に「正しく生きなさい」と説教していることになりますから、死者は戸惑うばかりでしょう。

同じように、みずからが説いたお経を仏壇のなかで聞いているブッダは、「それは私が皆さんのために説いた教えだから、私に説教するのではなく、その内容をよく理解して実践すれば極楽浄土へ帰れるのですよ」と苦笑されていることでしょう。

般若心経の解説は3章でも述べます。

精神を失った日本

七十三年前、日本は太平洋戦争に大敗し、国土は焦土となってしまいました。加えて、アメリカの日本弱体化政策「3S」によって、「和を以て貴し」となす「大和の精神」は脆くも消え去り、社会や人の迷惑も顧みない、排他的で自己中心の民主主義が主流になり、醜い話題が昨今のニュースの主流になっています。

3Sの目的は以下のようなものです。

・スポーツを促進して、競争心や闘争心を促進する。
・セックスをオープンにして、人心を乱し羞恥心をなくす。

・スクリーンを通じて、メロドラマなどで大和魂を弱体化する。

日本はこの政策の通りになって、男女とも恥を忘れた民族に陥り、現在に至っています。理性を欠いた本能と感情による自我我欲、お金やものを中心とした価値観による、自分さえよければそれでよし、というような自分勝手な生き方が蔓延した国になっているのです。

これで良いのでしょうか。

和の精神がなくなる

二〇一八年は、政官財界は言うにおよばず、社会全体が腐敗し、底が抜けたようなありさまで年が明けました。忖度からはじまり、ウソ、改ざん、不正、暴力、セクハラ、パワハラなど、さまざまな問題が世間を騒がせています。特に、二〇二〇年に行われる東京オリンピックに向けた暴力や、権力闘争や、内ゲバのようなことが、テレビや新聞などのマスコミを毎日のように賑わせました。

そもそも、オリンピック精神は、純粋なアマチュア・スポーツの祭典でしたが、現在はお金まみれの地位や権力闘争が常態化しています。これは、遠い時代に一世を風靡した、お金に目がくらんだ、貫一お宮の『金色夜叉』の現代版なのでしょうか。それとも、新たな「金権地獄」のはじまりなのでしょうか。

心なき人間が地獄をつくる

この世は天国と地獄の入り混じった現象界ですが、現代は、天国ははるか彼方に遠のき、寛容の精神を忘れた指導者層が目立ち、自己中心、金本位の価値観が地獄と同じ環境をつくり出しています。

万物の霊長である人間には、サルなどの動物と違って、宇宙創造神より神仏と同じ法力「創造と行動」の自由があたえられ、地上に「自他一体」の平和なユートピアを建設する使命を拝してこの世に誕生しています。

しかし、その使命を忘れ、創造と行動の自由を個人の自由とはき違えて、自己中心で排他的な悪魔の心である偽りの心にふりまわされて、地上に地獄をつくり、他人を食い物にして不幸にすることは許されていません。

ただひとつ言えることは、この世での目的と使命を忘れ、みずからの魂、心までも忘れて肉体を中心にした快楽を追い求めても、あの世ではなんの価値もないということです。

追い求めた結果、あの世でお金や地位や名誉がみずからの首を絞める重荷になるだけで、死後の世界が天国ではなくなり、同じ者同士が集まる集落「地獄」になることを知らなければならないのです。

苦悩は自作自演

宇宙創造神は、愛おしいわが子を裁いたり「バチ」をあたえることはありません。私たちを裁くのは、心に内在している善我です。自分に嘘のつけない善なる心が、容赦なく裁くのです。これが、一般的に言われている閻魔様です。

自我は他人には厳しいのですが、自分を正しく見る眼がなく、裁く基準が曖昧で自分に甘くなります。甘いために苦悩をつくり出します。そうした人間の性を正すために、科学だけではなく、正しい宗教が必要なのです。

正しい宗教とは

宗教とは、宇宙の法と生き方が説かれたものです。

銀河のなかの太陽系の総支配霊は、宇宙創造神から信任されているエル・ランティ様です。そのエル・ランティ様が地球に移住されたときの功労者、七大天使には、その功績により、エル・ランティ様の名前であるエルがあたえられました。ミカ・エル、ガブリ・エル、ラファ・エルなど、エルをいただいた名前になっています。また、エル・ランティ様の分霊として、次の御三名が、宇宙創造神の命を受けて地上に誕生されているメシアであり、救世主です。

モーゼ様は　思い行うことの戒律として「十戒」を示されました。
お釈迦様は　宇宙と人間の関係と宇宙の法である心の法則を説かれました。現代でこの教えが化石化したために、二十世紀の日本に再誕されて正法を説き直されました。
イエス様は　愛のあり方を説かれ、実践して示されました。

この御三方にもまた、それぞれの五人の分身がおられて、順次地上界に誕生しておられます。お釈迦様の分身は、天台智顗、最澄、桂小五郎であり、明治維新でも活躍されました。また、ガブリ・エルは舎利子として活躍され、分身は西郷隆盛として活躍されました。

化石化した仏教

地上界は、天国とはまったく違いますから、天国からすると理解しがたいことが起こっています。そんなとき、なぜ・どうして、という疑問が起こってきますが、それを学ぶためのものが宗教です。

しかし、宇宙を示した、人間の正しい生き方の教えであるはずの宗教ですら、人から人へと伝わっているあいだに、人々の不勉強と我流の解釈で、なんでも拝めば願いごとがかなうというような、他力本願の、間違った御利益信仰になってしまいました。

天国では、そんな末法の世を嘆き、救世主ブッダを遣わして、間違って解釈されていた仏法を正されました。救世主は使命を終え、一九七六年にお帰りになりました。

本書では、ブッダの説かれた重要な「正法神理」の部分は、細心の注意を払って、できる得るかぎり正確にお伝えできるようにしています。

日本の童話はスゴイ

日本神話からはじまっている、日本の誕生にまつわる歴史書や、庶民的で素敵な文学作品、すなわち古事記や万葉集や古今和歌集、それに源氏物語や平家物語など、中国やヨーロッパなどの他国に例を見ない、多様で多くの作品が、現在では高い評価を受けているようです。

次に掲げる三つの童話は、宇宙の真理を基に著された子供向けの物語ですが、数多い日本文学作品に勝るとも劣らない、世界に誇れる傑作童話です。

桃太郎

桃太郎物語は、桃から生まれた桃太郎が、鬼が島へ鬼退治に行くという内容です。あるところに、おじいさんとおばあさんが住んでいました、からはじまり、おじいさんが山へ芝刈りに、おばあさんは川へ洗濯に出かけると、その川上から桃が流れてくるという筋書きですが、現実には、桃の木は湿地を嫌いますから、なだらかな丘陵地でないと桃の木はありません。桃が川に落ちて流れる確率はゼロなのです。

では、なぜ桃が川から流れて来たのでしょう。

この物語の意図は、私たちがこの世に生まれてくる様子、その過程を、川と桃になぞらえたものです。ゆえに、ここでいう桃とは女性の性器をシンボル化したもので、川は産道をあらわしていると解釈することが正しいでしょう。また、おじいさんが山で芝を刈る、という部分も同じで、この芝とは若き奥さんの草丘であって、夫婦の愛をあらわしたものとわかります。その結果、桃太郎が誕生したのです。

その桃太郎が成人して、鬼が島に鬼退治に行く。鬼が島に棲みついている鬼とは、自己中心的で、自分さえよければそれでよい、という、排他的な悪魔の心をあらわしています。

赤鬼とは、自我我欲による怒りや憎しみの心。

青鬼とは、嫉妬や猜疑心、不満や愚痴の心。

これら、本能と感情からなる偽りの悪魔の心を退治して、心に内在している神の意思である智慧、般若の「宝物」を手に入れて帰り、親孝行するという物語なのです。

登場する三匹の家来も、それぞれ、サルは「知恵や知識」の象徴、キジは「情報や通信」の象徴、イヌは「勇気と誠実」の象徴です。

浦島太郎

浦島太郎は、あの世とこの世の関係を子供でも理解しやすい比喩によって説いた物語です。

まず、浦島とは、あの世と対になっている裏の島、この世をあらわしています。鶴は千年亀は万年というように、この世はかぎりある時間の世界ですが、あの世は永遠の世界ですから、亀は永遠の象徴であり、あの世とこの世を渡る船が亀にたとえてあります。

この亀のかわりに「目無し堅間の舟」が登場することもあります。

この世の時間はのんびりと過ぎ行きますが、あの世は思えばすぐ実現する世界ですから、時間などはないのと同じです。目無しとはそういう意味です。天国は、思ったことが瞬時に実現するすばらしいところなのですが、悪を思うと悪もすぐ実現する恐ろしいところでもあります。ですから、天上界は、自他一体の善いことばかり思う人が集まる天国と、自己中心の思いの人が集まる地獄に完全に分離しているのです。

この物語は、善き人ばかりが集まっている竜宮城への探訪記です。海の底の龍宮城とは、万物を「産み出す天国」を意味しています。亀を助けた浦島太郎は、時空を超越した亀に乗って竜宮城を訪ね、乙姫のもてなしを受けます。絶世の美女である乙姫は「音を秘める」、つまり言葉を秘めた真心をあらわしています。

物語の最後に出てくる「玉手箱」は、あの世からこの世へとタイムスリップして帰る「タイムトンネル」をあらわし、話を煙に巻いて終わります。

前述したように、私は夢で乙姫に会いましたが、その美しさは言葉ではあらわせないほどでしたから、その体験からの数年間は、地上の女性には関心が向きませんでした。

その体験から三十年ほど経ったある日、そのときの乙女からメッセージが届きました。後述する、桜の花の精からのメッセージがそれです。

浦島太郎の作者も、こうした体験から創作されたのでしょう。この物語は、天上界と地上界の実体を子供向けに書かれた童話です。

かぐや姫

桃太郎物語は、肉体のこの世への誕生を具体的にあらわし、人間の煩悩にどのように対峙するかを伝えています。浦島太郎は、善なる心によるあの世をあらわした物語で、子供心に、天国と地獄がどのようなところかイメージできるようになっているすぐれた作品です。

それに対して、かぐや姫は、心の生まれ変わり、輪廻転生をテーマにしています。

私たちの命が母体に宿るときは、天上界から光エレベーターによって降臨します。その様子は、なるほど、「光る竹」にも見えるでしょう。かぐや姫はその輝く竹から生まれました。

やがて、輝くようなお姫様になると、その評判が全国に広まり、我も我もと、五人の貴公子からプロポーズされますが、彼女はすべての貴公子からの申し込みを断ります。この貴公子とは、人体の眼・耳・鼻・口・身の五官の煩悩を象徴的にあらわしています。

この物語は、天上界から地上界へ転生して、五官の煩悩や誘惑に惑わされることなく、この世に生まれた目的である、心を広く豊かに高めるために、知恵と勇気と努力をもって学び、無事、目的を果たして天国へ還るというストーリーです。

天国には、豊かな衣装をまとった五人の天使、魂の兄弟が迎えに出ています。この衣装は、五人の魂の兄弟たちが、前世で生まれ育った国々の衣装を天国でもまとっていることをあらわしています。

桜の花の精からのメッセージ

今から二十年ほど前、晴天の昭和記念公園でのことでした。

久しぶりに満開の桜を愛でて、公園内に咲いている桜の花に口づけするかのように花の匂いを嗅いでいたら、突然、故郷の裏山にあった一本の桜が脳裏に浮かんできたのです。

ああ、懐かしいな、と思っていると、その桜の精なのか、突然、桜の花が語りかけてきました。それが次から次へと詩のように続くので、急いでメモをとりました。

私は花の精でございます

私たちすべての花は
神さまがつくられた自然界を　色とりどりに
美しく飾る使命を果たしております
天上界の美しさの一部を　地上に再現することによって
皆さまの心に安らぎをもたらし
皆さまの健康に貢献できることを喜んでおります

皆さまには立派な身体が与えられ
神の子として偉大な創造と行動の自由が許され
万物の霊長として豊かな生活ができるように
神さまから　すべてのものが無所得で
しかも平等に与えられて満たされています

それなのに まだなにが欲しいのですか
神の子である人間が神の心を失い
自己保存自我我欲の悪魔の心にふりまわされて
人間本位にしか行動していないではないですか
自分たちで撒いた農薬や化学肥料によって魚や野菜を毒し
それを人間が食して体を壊している
また自分たちで撒き散らす排気ガスによって空気まで汚している

また人間同士の信頼も薄い
思想による国の対立や宗教の対立
それによる戦争や無差別テロでの殺人や文明破壊
それと経済封鎖や報復爆撃
この世の出来事はすべて　原因あっての結果ですから
争いのもとを正さないかぎり平和は訪れません

それに個人の自由だと言って

お金儲けには手段を選ばぬ　強欲修羅の地獄をつくっている
そんなにして集めたお金の力で幸福になれると思ったり
地位や名誉が得られると錯覚しているのではないですか
そんなにして稼いでも　あの世には一銭も持って帰れないのよ
天国へ持って帰れるものは　それらをのぞいた純真な心だけです

私たちは大昔より　この地上の四季ごとに花を咲かせながら
鳥や動物や樹木たちと協力しながら調和して
神さまの御体のなかで　すべてとともに生きて参りました
私たちは行動できませんが常に与えられた環境のなかで
皆さまが地上に平和なユートピアを建設する見本として
美しい天上界の存在を示しております

人間は暗中模索しながら修行し悟っていかれますが
ときには絶望されることもおありでしょう
そんなとき　希望と勇気を出していただくために

厳寒に耐えた桜の花を　パーッと一斉に咲かせます
踏まれても逃げもせず不平も言わず　雪のなかでも花を咲かせ
忍辱すれば福寿が来ると　可憐な花を咲かせております

私たちの本体であります根や茎は
皆さまの健康を維持するための栄養を　四季を通じて
おいしく召し上がっていただけるように提供しています
それだけではなく健康を害されたときにお役に立てるように
病状にあわせて薬草を準備して　処方の仕方を
お釈迦様を通じて　皆さまに進言しております
私たちすべての花は　皆さまに安らぎの心が芽生えることを
神さまとともに一番喜んでおります

あなた方も　私たちと力をあわせて神仏の御意思
地上の平和なユートピアの建設に励みましょう
それが万物の霊長たる人間に与えられた使命です

そうしてこの世に生まれた目的は　心を高めることでしたね

お釈迦様が散歩されているとき、こうした花たちからの進言を聞き入れて、薬草を持ち帰り、道場の脇に植えたのが「薬草園」でした。花の精に伝えられた薬草によって、多くの弟子たちの健康が維持され、それが仏典とともに世界に広がったのです。このこともあって、ブッダは「薬師如来」とも呼ばれたのでしょう。

第2章　心の発見

胸から込み上げてくる喜びや悲しみが
あなたの本当の心であり永遠の命です。

心は永遠を生きている

多くの方々は、目に見える物だけがあると信じている。
ところが、働きをなしているものは目には見えない。
そのものとは、宇宙に満ちる神の意識エネルギー。
私たちの心の大もとは、神の意識エネルギーなのです。
その不思議な心を、宗教と科学の両面から探求します。

心はいずこにありや

目に見えない「心」を発見するためには、心がどこにあって、どのような特徴や質量があり、どのような働きをなしているか、具体的に知らなくてはなりません。それがわからなければ、永遠に「本当の自分」を知ることができないでしょう。

心の居所に関する表現はさまざまです。

心が頭にあると考えられるとき、頭にくる。怒り心頭に達す。

心が腹にあると考えられるとき、腹が立つ。腹に据えかねる。心が胸にあると考えられるとき、喜びと涙が込み上げてくる。秘めたる思いを相手に明かすとき、胸の内を明かし胸襟を開く。

では、寝ているときの心はどこか、これがわかればノーベル賞？

かくかく云々、心はそのときの精神状態で、頭に登ったり、腹を立てたり、胸を熱くしたりする、とらえどころのないものですが、ひとつだけ言えることは、心とは「働きをなしている」みずからの意思です。この働きをなす能力を、科学ではエネルギーと定義しています。

すなわち心とは、肉眼では見えないが働きをなしている「意識エネルギー」なのです。

見えるものはいつか消え去る

私たちが生まれ育った地上界では、眼に見えるもので、永遠に同じ形をとどめるものは「金」、ゴールド以外にはありません。また、生命あるすべてのものは、時々刻々と生長し、成熟し、子孫を産み育て、役割を終えて大地に還ります。

お釈迦様は、この様子を「諸行無常」といい、人体の定めは「生老病死」と説かれています。

私たちの体は、このような宿命の下に生まれ育って、生きています。

これは宇宙の法に基づくことですから、ただ従うしかないのです。

この世のすべてのものは、宇宙の法に基づいて「輪廻転生」しています。そして、宇宙の法に従った、地上界の物の法則が「物理の法則」です。

物理の法則は、宇宙エネルギーの法則でもあります。今から百三十八億年前、宇宙が誕生したときから現在まで、エネルギーの法則、物理の法則は不変平等に働いており、私たちはこの法則の下に生かされています。

神の理、宇宙の法であるところの物理の法則は、宇宙創造神の意思によってなっていますから、その法則を知らず、法則を無視して我流を通しても、かなうことはありません。この法則には無我で従うしかないのです。

お釈迦様、ブッダは、この宇宙の法、諸法に対する心構えを「諸法無我」(宇宙の法には無我で従え)と説かれていますが、多くの宗教家は間違った解釈をして、この諸法無我を「無我」になることだ、と講義しているために、仏教の本質が理解できていません。だからいまだに悟った人がいないのです。

悟りとは、心が吾なりと書きます。私たちの心は「意識エネルギー」です。般若心経で説かれている心とは「不生不滅」、生まれることも滅することもない、永遠の命です。

この世では、無から有は生ぜず、有は無にならず、有は輪廻する永遠の実在です。

これが正しい心の捉え方です。でも、これだけの解説では納得できないところもあるでしょう。

そこで、心を宗教と科学的な実験の結果に基づいて解説してみましょう。

見えないものが永遠の実在

この世は空間と時間の三次元の現象界です。縦・横・高さと時間からなる三次元で、立体空間と時間のかぎりある世界です。

では、エネルギーは何次元の存在なのでしょうか。

エネルギーとは、働きをなす能力・諸量と物理で定義されているとおり、働きをなす能力を持った力です。私たちの目に見えるエネルギーの筆頭は太陽光で、地上のすべてのものを生かしている生命力です。

眼に見えないもので、それがなくては生きられないものに空気があります。しかし、空気の存在は見えなくても、風や気圧によって認めることができます。それと同じように、眼に見えない心もまた、言葉や表情によって知ることができます。

では、愛は見えますか？　生命は見えるでしょうか？

人間は、どんなに物質的に恵まれていても、愛がなければ生きられません。人間を生かす愛や生命のおおもとは、宇宙創造神の愛や生命であり、「心」なのです。私たちの心は、宇宙創造神と同根です。大自然も神の「心」のあらわれであり、「神の神殿」であることは先にも述べました。私たちは、宇宙創造神の心、愛と慈悲と大自然に生かされている「神の子」です。

この真実を忘れている人間は、神から孤立し、自己中心の本能と感情による「思念と行為」によって、みずから不幸をつくって悩み苦しんでいるのです。

心は永遠の命です

目に見えるものは、この世かぎりのものばかりです。アインシュタインが示したように、目に見えない心や、宇宙の法などを説き示した宗教の教えを基にしなければ、真の宗教と科学は理解できないでしょう。永遠に「心と運命」の真実を知ることはできません。

物理の法則の一つに、エネルギーは永遠の存在で不滅だという「エネルギー不滅の法則」

があります。

心もまた、生まれることも死滅することもない「不生不滅」です。

仏法を説かれたブッダが、二千六百年前に説かれた、五つの心の教えである「心の法則」と、十九世紀に発見された五つの「物理の法則」は、同じエネルギー法則なのです。これは宇宙創造神のご意思ですから、本書では、これらの法則を宇宙の法とあらわします。

心の証明Ⅰ　心の法則＝物理の法則

ブッダが説かれた、眼には見えない「心」の法則と、近年になって確立した物の法則との関係は次のようになります（物とは、エネルギーが集中固定化したもの）。

心の法則		物理の法則
似た者が集まる	＝	波動共鳴の法則
心は不生不滅	＝	エネルギー不滅の法則
因果律	＝	原因結果の法則・作用反作用の法則
輪廻転生	＝	循環の法則

このように、「心」と「物」の法則は同じ宇宙の法であり、神の意識・エネルギーの法則です。この真理を見抜き、「宇宙即我」をお悟りになったお釈迦様のすごさに改めて感じ入ります。

神の意識と繋がっている心は「脳」を支配していますが、脳は心ではなかったのです。

心はいずこに

我々は毎朝目を覚まし、各人の意思で日常活動をしていますが、では、寝ているあいだの私たちの心は一体ぜんたい、どこへ行って、なにをしているのでしょうか。

睡眠中は無意識状態です。無意識とは、心が体から離れている状態です。人間の睡眠中もまた、心が体から離れているということです。心が人体に帰ってくると目が覚めるのですが、残念ながら、離れているあいだの記憶は消えてしまいます。もし、睡眠中に人体から離れた心の記憶が、人体に帰っても残っていれば、天国へ行ったか、地獄へ行ったか、または、海外旅行してきたかも思い出せるでしょうが、残念ながら、ほとんどの場合は体から離れているあいだの記憶がなくなっているようです。

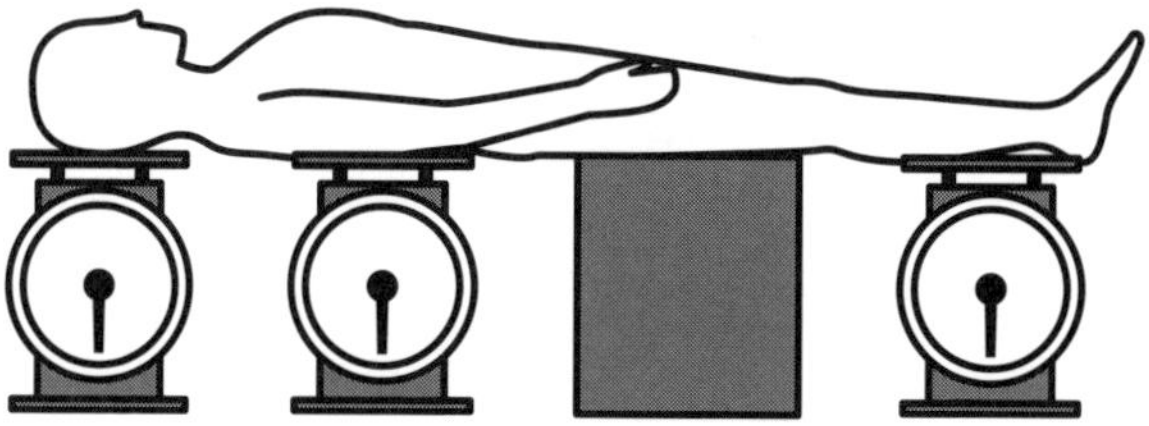

図１　心の測定

心の証明Ⅱ　心の重さを量る

心は脳の副産物のようなものではなく、人体とは次元を異にした、意識エネルギーです。それを証明するために、私は心の重さを量ることに挑戦しました。もとより掴まえどころのないものですから、失敗の連続でしたが、ようやく次の方法で安定した測定ができました。

心が頭にあるか、胸にあるかを判定するために、図1のような装置を考案して実験に臨みました。頭部、胸部、臀部、脚部と分けて測定することで微量の変化の測定精度が上がり、各部の体重変化も正確に測定できます。

こうした睡眠中の体重変化の研究は、その

表－１　仰臥時の血液の流れと変化

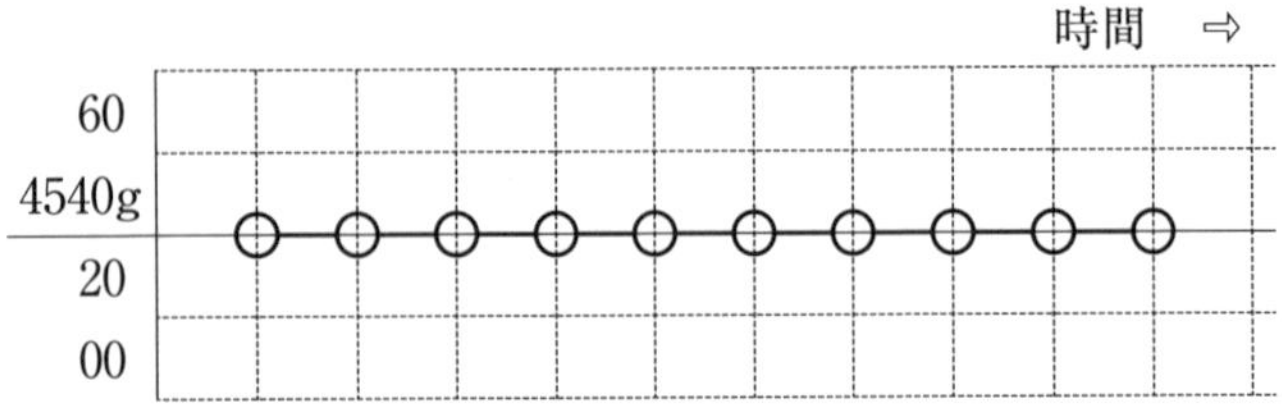

頭部の変化

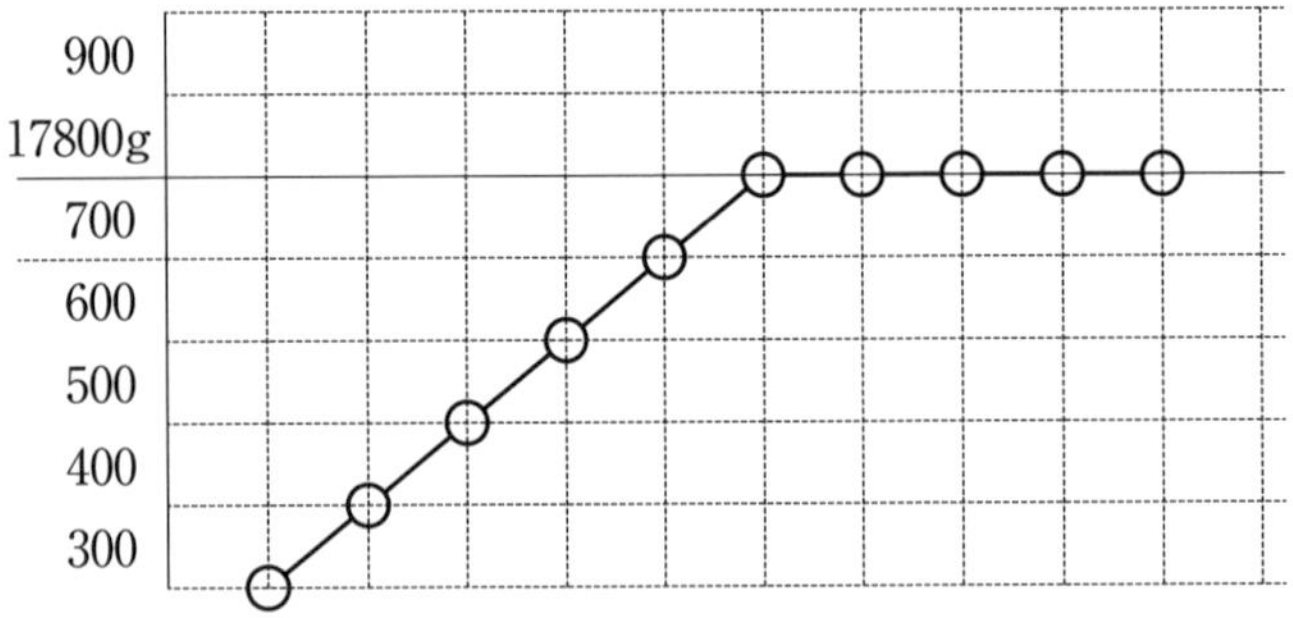

胸部の変化

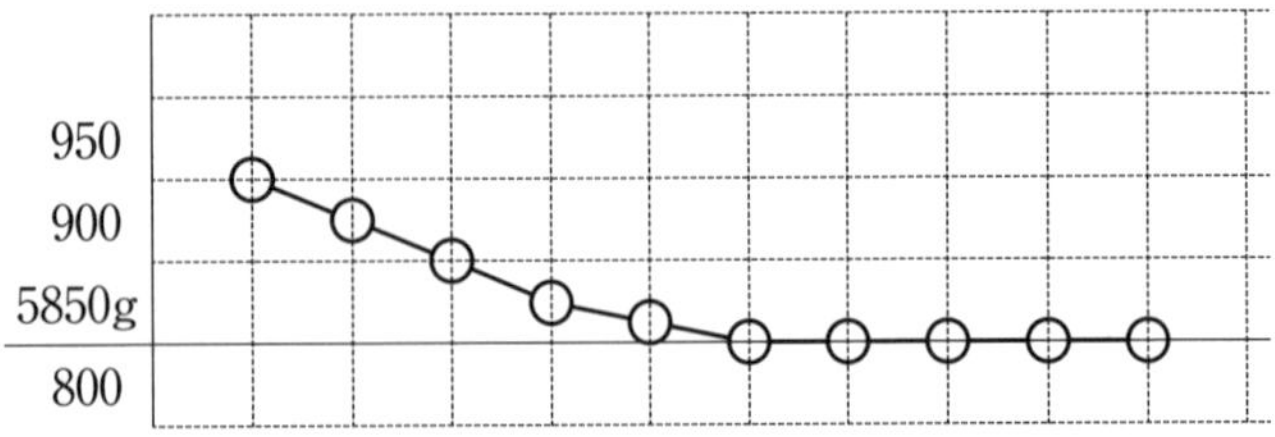

脚部の変化

表－２　覚醒時から睡眠時への睡眠時から覚醒時の各部の体重変化

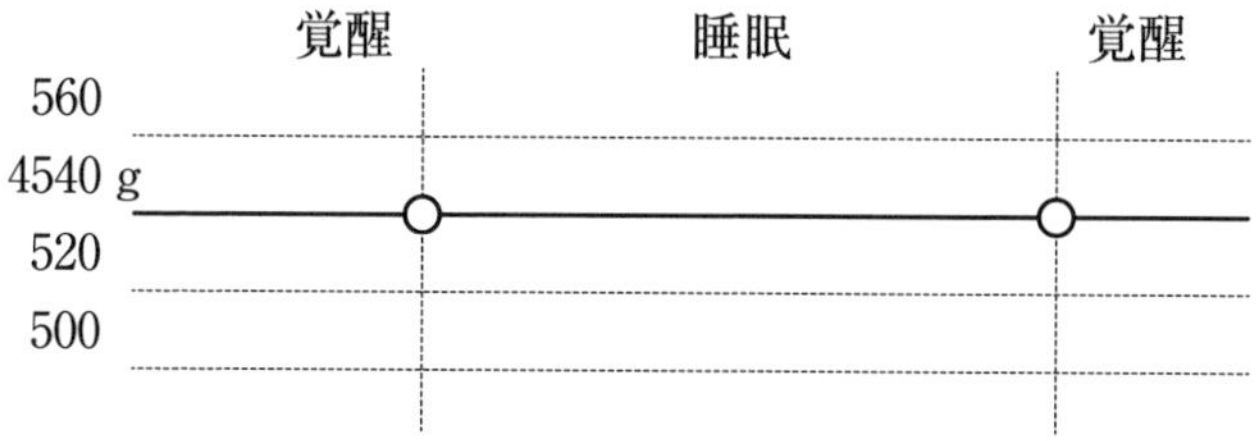

頭部の体重変化

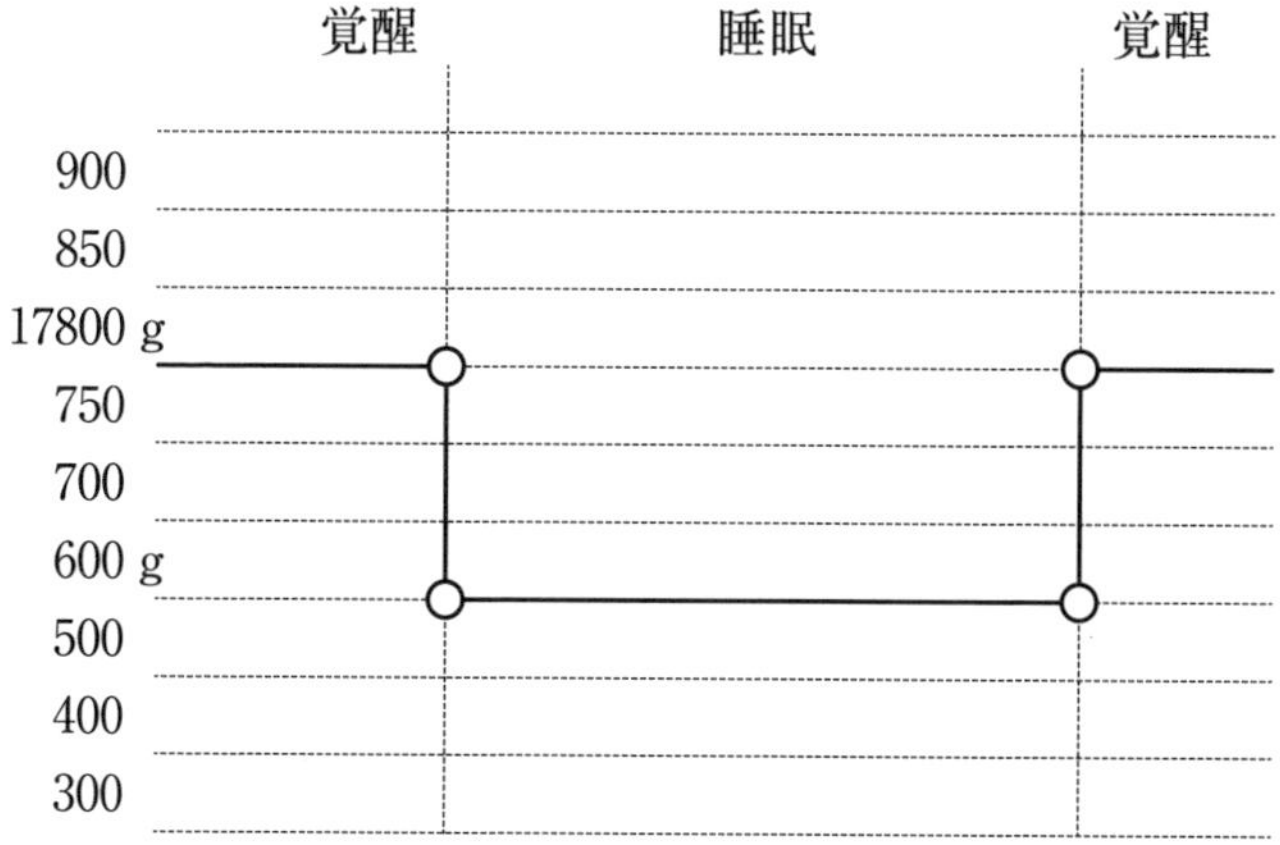

胸部の体重変化

仰臥したときは、臀部からの血液が約500gほど移動し５分くらいで安定する。また、浅い眠りのとき各部の変化はあまりみられない。

成果が三菱重工からの特許出願もあり、第三者の実験によっても、熟睡時における体重の減少は確認されています。

心の測定結果

人間にとって一番無防備なときは睡眠中ですから、そのような睡眠中の状態を測定する、という実験は、簡単なようでなかなか難しいものでした。精神が緊張して、ノン・レム状態……熟睡状態になることができないからです。そこで、生まれて間もない乳児をモデルにしましたが、これも難しいものでした。なんといっても、乳児は一日のほとんどを寝ていて、目を覚ましているときは、母乳を飲むときとオムツが汚れたときくらいのものでしたから、測定チャンスはとても少なかったのです。信頼できる方に、実験の目的を理解していただいて、ようやく十回の実験ができました。その結果、次のようになりました。

乳児の体重変化	五〇g	回数　一回	
成人の胸部の変化	一五〇g	回数　八回	ノン・レム睡眠状態
成人の胸部の変化	〇g	回数　二回	レム睡眠状態

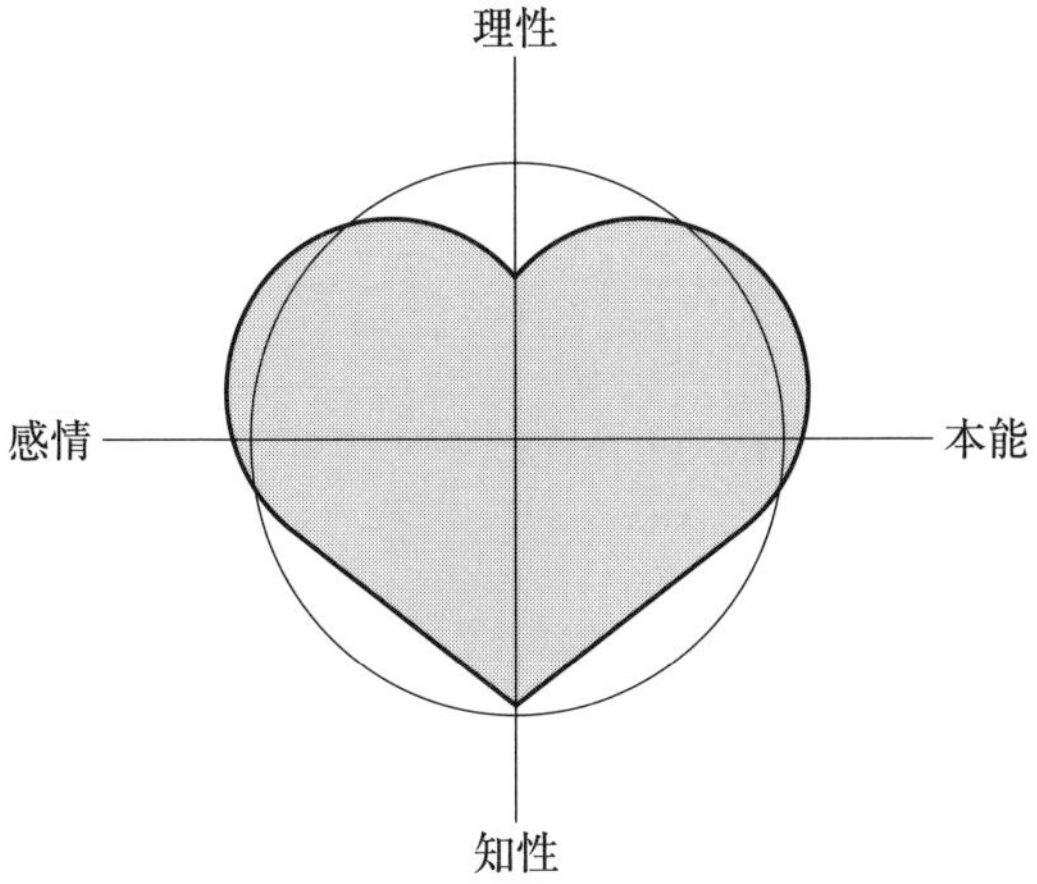

図2　心の形

レム睡眠状態のときは、実験が終わって名前を呼ぶとすぐ目覚めますが、ノン・レム睡眠状態になっていると、起こしても、正常に目覚めるまでには数秒間かかります。心が人体から離れて、遠くの霊界に遊行していることが推測できます。

心の形と色彩

心の形は図2のように、理性と知性、本能と感情を中心にした同心円で、風船のように歪みがないことが理想的です。

ところが、感情的になったり知性ばかりが発達すると、知に働けば角が立つと言われるように、歪《いびつ》になります。また、恋をして理性がなくなると、本能や感情が膨らみ、ハート形になり、色彩はピンク色になります。

心の形や色は、その時々の思いによって変化していますから、心眼が開けば、その人の心の状態が丸見えなのです。たとえこの世では見えなくても、あの世では丸見えです。

心の特性

心は意識エネルギーであると同時に、光と同じ電磁波・電波と同じ特性です。思いは念波となり、身近な人に「以心伝心」や「虫の知らせ」などとして通じます。地球の裏側まで届いていたという実験結果もあります。

心が光である証

これは私の実体験ですが、母が健在なころ、東京から夜行で乗り継いで朝九時に実家に着くと、その日の早朝に、私より先に火の玉が玄関から帰って来たと聞かされたことがたびたびありました。私たちの心は、光エネルギーの波動だという証です。仏像の後光もこれにあたります。

記憶は脳細胞でなく心にある

記憶は脳細胞が記憶すると思われていますが、実際には、脳細胞と心が並列デジタル方式のような通信で交流し、心のなかに記憶されています。身体がなくなっても心・魂は永遠に生き続けますから、過去世の記憶もずっと心にあるというわけです。

肉体が死ぬと、心に記録されている今生の総合記憶を総括して、天国行きか、地獄行きかが決まります。

目に見える脳の機能

脳細胞は百億個もあると言われていますが、そのおのおのの細胞に、念波を受信する機能があります。念波は＋－のデジタル信号です。その信号が、脳という中央演算装置・ＣＰＵで人体機能に伝達され、言葉や行動に移されるシステムになっているようです。

これまで「思念と行為」と表現してきましたが、思念とは心の四つの意識の思念であり、行為とは、言葉や態度や行動など、人体を駆使して心の意思を表現する行為です。

意識エネルギーは波動と粒子であり、思っただけで行為に移らなくても念波は発信されていますから、相対する人はその念波を感じますし、発信した人は自分の心に記憶します。それで、気が合う人と合わない人ができてくるのです。

たとえ行為に移さなくても、念波は記憶され、いずれ芽を出してきます。ですから「心の思い」は、みずからの意思で否定しないかぎり永遠に力を持ち続けます。幸運と至福の人生を望むなら、今日一日の「思念と行為」を静かに振り返って反省し、悪の思いを中和しておくことが大切です。

男女の感受性の違い

脳の重さや大きさは、天才であろうと凡才であろうと関係ありません。同じ型式で機能の違いがないパソコンを使っているはずなのに、パソコンを取り扱う人の能力や熟練度によって成果に違いが出る、人間もそれと同じです。

ただし、人間の男女には違いがあるようです。女性は男性と違って、子を産み育てる役割があるために、天上界の守護霊の導きである霊感（通信）を受けやすくなっています。その反面、感情などを抑える自己制御力が少なくなっているようで、悪霊の暗示なども受けやすくなります。とくに、対人批判や噂などに関心が強くなっている方は、自制心と調和の心を意識する必要があります。

右脳の働き

右脳は、主に理性や感性を受け持っています。基本的には、あの世に置いてきている過去世の知恵・善我に繋がっているコンピューターです。この右脳が、この世に誕生した時点から活躍していますから、幼児の心は汚れなき天使の心であり、天国のときの意識そのままです。幼児はすべて天才児でもあるのです。

私たちがこの世に生まれ出た瞬間は右脳の働きが主ですが、その後、人体の五感が発達し、生活環境の影響を受けて発達するのが左脳です。

左脳の働き

左脳は、人体の各器官の連絡網的なコンピューターで、五官である眼・耳・鼻・舌・身などのセンサーからの信号で血圧や自律神経を制御し、寝ていても忠実に人体を維持する働きをしています。

また、この左脳の働きは、朝起きてから寝るまでの生活活動を支配していて、親の教育や生活環境、兄弟や友達、学校やテレビなどの影響を受けて成長し、個性のもととなる本能や感情や知性といった「偽我」をつかさどっています。左脳の働きは、あくまでもこの世で培った知識や生活習慣などの偽我のための働きですから、人体の死とともにこの世に置いて帰らなければならない部分です。

右脳が、永遠の魂の知恵、理性であり、その人の品格に影響力を持っているのに対し、左脳は、この世で生きるために必要な知識や生活の知恵などを受け持っています。勉学や修行に協力している人体の中枢部です。

見えない電気を見る

見えないものの重さや形や色などを文章で表現するのは、文才のない者にとって不可能に近い難問中の難問題です。こうした「空」を掴むような試みは、手を尽くしても達成に限度があり、最後は読者の皆様の感性に委ねなくてはなりません。

しかし、心と同じように、目で見ることができなくても働きをなしている電気エネルギーは、実験で発見されたものです。

発見者であるファラデーは、取り立てて学歴のない人物でした。そんな彼が、研究室の実験員として指示されている実験を繰り返していたとき、不思議な現象に気がつきました。電流を流すと、電線の近くに散らかっていた鉄の粉が、一定の方向にならぶのです。彼は不思議に思い、電線に逆方向の電気を流してみました。すると、電流にあわせて鉄粉も向きを変えるではありませんか。

この現象によって、目に見えない電気の流れや磁気の関係が「見え」てきて、物理の法則が解明されたのです。心も電気と同じ目に見えないエネルギーですが、さまざまな実験からその実在がわかるはずです。

人体意識の重さ

人体は、五臓六腑の働きによって生命活動が行われています。

先日、その臓器同士では、独自に行われる情報交換のしくみがあり、それによって円滑に生命維持活動がなされているという研究報告が、ＮＨＫテレビ放送「人体」というテーマで発表されました。

脂肪や筋肉が、食欲や性欲を操り、骨が若返りの物質を出し、脂肪と筋肉の意識が人体の命を守っているというのです。この「人体の」意識は、主人である人間の心や魂に忠実に、日夜働き続けています。

もちろん、この「人体の」意識も量ることができます。しかし、計測のチャンスは、一生の終わりである御臨終のときだけです。二十年ほど前、この方法で人体の心を量る試みのことを書いた書籍が話題になりました。その測定結果は五十グラムだといわれています。

この「人体の」意識に対して、人間の心は、活動するときだけ体に宿り、脳細胞と交信して、言葉などで意思表示をしたり、体をコントロールし、運動や仕事などを行っています。

心と人体の関係

前項で述べた、私たちの心と人体の関係は、自動車と運転手の関係によく似ています。最近の自動車はほとんど自動化されていて、運転手が行うことはガソリンの補給と、アクセルとブレーキの制御くらい、あとはハンドル操作があれば思いのままに運転ができるようになっています。私たちの体も同様で、心が行うことはハンドル操作くらいでしょう。

自動車での用事が終われば、食事で健康を維持し、あとは自由に心を癒して睡眠をとります。同様に、私たちが熟睡しているあいだ、心はあの世に帰って休んでいます。

ただし、人体が車のようにいかないのは、心が休んでいるあいだも、自律神経が各臓器の機能補修をしたり、疲労回復などを担ってフル活動している点です。

自動車と運転手の重量

自動車に運転手が乗って活動しているときと、活動を終えた運転手が自動車から降りたときの、二通りの総重量を量った場合、ガソリンの消費は別勘定にすれば、運転手の乗車の有無による「重量差」が、運転手の体重になります。

運転手の体重 ＝ 運転中の自動車の重量 － 運転手が降りた時の自動車の重量

人体の場合もこれと同じで、活動しているときの体重と、熟睡しているときの体重差が心の重さとなるのです。

ただし、レム睡眠のときは、運転手が自動車から降りず、車内で仮眠している状態ですから注意が必要です。

心は見えないから永遠

人体と心の関係を、自動車と運転手の関係との類似性をとおして説明してきました。人体と心の関係がわかりやすくなったのではないかと思います。理解を深めていただきたいのは、心が四次元以上のエネルギー界、天上界の存在であること、目には見えなくても、働きをなし、感ずることができるという事実です。

こうした事実にもかかわらず、最近は、あの世や心を伝えるべき宗教家が、「あの世なんかあるもんか」などと無責任に豪語していて、あきれ返るばかりです。これでは、天文学者が「地球のまわりを太陽がまわっている」と言うのと同じ、無知無明の輩としか言えません。目に見えないものを信じることができないでいるレベルの知性だと喧伝しているようなものです。

肉眼で見えないものを求めている

私たちが心の底から求めているものは、目には見えない「幸福」、幸せではありませんか。その幸せを得るために必要なものが、お金や名誉や地位だと思っているから、それらを血眼になって探し求めている方が多いのでしょう。

ところがそれらのものは、はかない、かりそめのものにすぎません。働くか、貰うか、盗むか、などの方法で手に入れたお金の、その量によって、その結果によって、幸せな生活ができると信じている方がなんと多いことか。

ほんとうは、私たちはお金があってもなくても、既に生かされているのです。太陽があって、空気があって、水があって、地上の万物はそのままで生かされています。この事実への感謝を忘れてはいけません。

心と言葉

私たちはサルと違い、創造と行動の自由があたえられています。その創造の基は、各人の意識による意思であり、言葉であり、行為です。なかでも言葉は、万物を創造する不思議な魔法力をもっていますから、ふだん何気なく使っている言葉によって、人を喜ばせることも、幸せな思いにすることもできますし、反対に、言葉によって傷つけ、怒りを招くこともできます。

言葉には、口から発する三次元的な音波と、同時に想念が発信している四次元の念波、不可視エネルギーがあります。この念波はテレビなどと同じ特性をもっていて、宇宙空間にまで広がり、驚くことに、天上界から地獄まで届きます。建設的な言葉は天上界に届くことによって明るい道を開き、暗い言葉は地獄に共鳴して、苦しみの道へと引きずり込まれていきます。

また、こうした言葉による想念は、ブーメランのように自分に戻ってきます。天に向かってツバを吐けば、いずれ自分に戻ってくる……。こうしたことは、宇宙の法則のひとつ「心の法則」による現象です。

言葉は神なり　新約聖書・ヨハネ福音書

はじめに言葉があった。
言葉は神とともにあった。
言葉は神であった。
すべてのものは、これによってできた。
この言葉に命があった。
この命は人の光であった。
光は闇のなかで輝いている。

言葉は言霊・コトダマ

普段、なにげなく使っている言葉が「神の言葉」であるのは驚くべきことです。言霊とは、広辞苑によると次のようです。

言霊　言葉に宿っている不思議な霊威。

言霊の幸ふ国　言霊の霊妙な働きによって幸福をもたらす国。我が国を指す。

言霊をとり入れた言語は、日本語とサンスクリット語と古代ヘブライ語の三つでしたが、現在もそれを国語にしている国は日本だけです。

言霊の物事を実現する力は強力なものです。建設的な明るい言葉を使えば、天上界の協力を得て、ゆくゆくは国全体が平穏になり、豊かな文明が発展する神国になるでしょうが、もし、反対の暗い言葉、破滅の言葉を使っていれば、いずれ国や国民は言葉のとおりになり、天変地変や不幸なことが起こって、破滅への道へと進むでしょう。とくに、国の上に立つ人の心掛けがその国を左右します。

そうした観点から見ると、再誕されたブッダが活躍された約一九五〇～一九八〇年の日本は、天変地変もなく、経済も奇跡的に発展した三十年でした。

しかし、それ以降はバブル崩壊で経済が停滞するなどし、回復しないまま現在に至っています。災害も、火山の爆発が普賢岳、八丈島、御嶽山、大地震は神戸、新潟県で二回、東関東、熊本、鳥取で起こっています。台風や水害の被害もひどいものです。メディアの報道、政府や官僚、経済界や教育界、それにスポーツ界のモラルの堕落にはただただ驚くばかりです。天上界からこの様子が丸見えだと思うと、震えるような心地がします。

また、再誕されたブッダがご活躍された一九五〇年から三十年間は、出生数のピークが二千五百万人を超えていました。しかし、ブッダがお亡くなりになられた約三十年後、二〇一七年には激減し、九十四万人にまで落ち込んでいます。出生数の推移は5章でも述べます。

古代ヘブライ語と日本語の関係

先日、モーゼ様がご活躍された、出エジプト記の映画「十戒」が放映されました。この映画は、私が中年のころ、五、六十回は見ていたものです。

当時エジプトに囚われていたユダヤ人の奴隷は四十万人。その奴隷を解放すべく、救世主モーゼ様が使命を負って誕生し、天上界の奇跡的な協力を基にしてエジプトから解放され、神からの指示を待ってシナイ半島に四十年滞在した後、カナンの地に移住したという物語です。旧約聖書に「出エジプト記」として記載されています。

シナイ半島は砂漠です。水や食料もないところで四十万人が四十年ものあいだ、どのように生き延びたのか、このことは映画には出ていません。どうやら、四十年間の水と食料は、奇跡の壺「マナの壺」から湧き出たようです。これは常識では考えられないことでしょうが、事実なのです。

この奇跡の壺「マナの壺」が日本に伝わり、「マナ板」と変化しています。まな板は一家の食料をつくり出す道具ですから、なるほど、と納得できます。

また、神から授かった「十戒」が刻まれた石板は、四人がかりで肩に担いで移動していました。これは日本における「御神輿」の原型です。

このように、言霊をもった言語である古代ヘブライ語と日本語には、共通点が多くあるようです。

日本語の構成

日本語はアイウエオの母音と、父韻（k～w）＋母音＝子音の合計五十音とンからなっています。この五十音は五十鈴とも読み、この五十鈴が伊勢神宮の五十鈴川の語源です。

言霊・五十音＋ン＝日本語

　　アイウエオ
k　カキクケコ　　　五十音
　　←　　　　　　　↓
　　　　　　　　　　五十鈴（k～w）カワ
w　ワイウエヲ

この五十音＋（ン）の日本語の言霊は、この世の人間と天国の架け橋です。
伊勢神宮では、この世から五十鈴川を渡って聖なる霊域（天国）へ渡る、という儀式もあります。

この五十音のタ行を取り上げてみましょう。

タ　皇室では父親の呼び名は、おタア様、またはタタ様。
チ　チチ親。一般的には父親。
ツ　ツッ様。田舎での父親の呼び名。
テ　テテ親。昔はテテなし子という言葉もありました。
ト　トト様。一般的にお父様の意味。

こうしてみると、タ行は男性をあらわした行になっているようです。
女性の行もあります。

気は心なり

心の本質を正しく理解するためには、「気」についても掘り下げる必要があります。私たちが日常使っている、みずからの気持ちをあらわす言葉が多いことに気がついていますか。人体の状況をあらわす言葉にも元「気」と、気が含まれています。

元気と本気

元気とは気の元と書き、本気は気の本物と書きます。気の元とは、つまり心の元であって、宇宙に遍満している、永遠の働きをなすエネルギーです。人間の本来の姿は永遠の命である心、意識エネルギーが主体であることはすでに述べました。対して、人体は心に属す影であり、現象体です。それゆえに、心が病んでいる状態を「病気」と言います。

病気にも「内因性」と「外因性」があります。ウイルスなどに侵されて発症する病気は、お医者様や医薬品が有効ですが、内因性の病気は、ストレスからくる疲労や、心が満たされないことに起因する不満や怒り、妬みや嫉妬など、自己中心的な心の歪みが原因の場合が多いようです。簡単に言えば、気の持ち方によって健康になったり、病気になったりするということです。心が原因の病状は、医薬品では治りにくいでしょう。

こうした人間特有の病気は、みずからの命の基である「心の実相」を知らないことに起因しています。心が、宇宙の気と一体である真実を知らないから起こる不幸な病です。

愛と慈悲の宇宙創造神の分霊である自分の心の本質を知ることによって、大概の病は霧散するでしょう。

本気

元気になるためには、宇宙創造神の本心である宇宙の法を学び実践して、この世に生まれた目的と使命を、本気で行うことです。この世の多くの人たちは、生きているあいだに裕福で楽しければそれが最高と思っておられるようですが、それは違います。

宇宙の法では、無から有は生じません。思念と行為によって、みずからの影のように現象があらわれます。宇宙や自然は、たがいに助けあい補いあってなり立っています。自分さえよければそれでいいということにはなりません。正しい行いをすれば、それが自分に返って、正しい姿へとみちびかれるでしょう。

気持ち

では、日常使われている心の状態を、気という言葉に置き換えて吟味してみましょう。ずいぶんと気楽に使っていることがわかると思います。

気があう、気が多い、気がある、気が重い、気が軽い、気が大きい、気が小さい、気が立つ、気が散る、気が強い、気が長い、気がない、気が休まる、気に掛かる、気が早い、気が向く、気が弱い、気が短い、気を配る、気を落とす、気を入れる、気を失う、気を抜く、気を張る、気が散る、気を許す、気をつける……。

このように、心である「気」が言葉になった数はかぎりなくあります。それだけ心とは自分でありながら、とらえどころのないものと言えるのでしょう。

気持ちがよくなるためには、楽しい環境とよい人間関係が必要になります。たとえ食べることには困らなくても、警察の独房のようなところでは気が晴れないでしょう。気分爽快になるためには、それにふさわしい環境と言葉が必要なのです。

幸せとは心が気づくもの

貧乏をしていると、お金のありがたさが身に染みますが、満たされていると、たとえば年金などはもらうのがあたりまえくらいの気持ちになってしまって、感謝の思いが薄れてしまうものです。

　ですが、もし、太陽に光熱費や空気の使用料を払わなくてはならないとしたらどうでしょう。きっと一年も経たないうちに破産する人が続出するでしょう。太陽の熱や空気や水が、自分の生まれる前から当然のように存在したので、ありがたさに誰も気づいていないのです。この当たり前が、当たり前でないことに気がつくことが、幸福のはじまりです。

　子を持って知る親の恩、などとうたわれていますが、私たちにとって一番の恩である神仏の恩に報いること、つまりこの世を仏国土ユートピアにすることが人類共通の使命です。親が、わが子が健康で幸せな生活を送ってくれることこそ一番と思っているように、宇宙創造神も同じく、私たちに健康で幸せな生活を送ってほしいと願っています。

　お金は、あの世ではタダの紙切れです。財産や名誉や地位も同じです。この世のものは、人体もふくめ、すべて時とともに消滅し、なくなります。そうしたこの世のものに執着している人たちの集落が地獄なのです。天国は、神仏がつくられた「神の子」のための楽園です。神仏を信ぜず、「神の子」であることを信じない人たちは、「神の子」の自覚がよみがえるまで、地獄の住人です。

あの世のものは永遠で不滅

あの世のものはすべて、神仏と人間の意識エネルギーの産物ですから、永遠に不滅です。それゆえに、天上界のすべてのものは実在です。

般若心経では、眼には見えない、あの世のものを「空」とあらわし、眼に見える、この世のものを「色」とあらわしてあります。般若心経の「色不異空」とは、地上界と天上界は異ならない、という意味です。

この世のものは時々刻々と変化して、いずれは崩壊しますが、金だけは特別な存在です。ですから、救世主・ブッダがお悟りになると、宇宙創造神からの祝福として、金に覆われるのです。ブッダの再誕時にも、金粉が講演会場に降り注がれました。

そのときのブッダの講演の録音テープを擦り切れるほど拝聴し、ブッダの御心をわが心として、本書を書かせていただいています。

魂はひとりにあらず

私たちの心・魂には、五人の分身、いわば兄弟姉妹がいて、天国に住んでいます。その五人の兄弟姉妹が順番にこの世に誕生して修行するのです。次に生まれてくる予定の分身が守護霊役を務め、自分が地上界に生まれても戸惑わないように、地上の国や民族、地域の気候や風土などを事前に見聞しています。

ブッダによると、五人の兄弟姉妹が一つのグループになっている理由は、人間はひとりでは寂しかろうという、神の愛と慈悲心からだといわれています。

五人の組み合わせはさまざまですが、男子ばかりで五人の兄弟、女子ばかりで五人の姉妹、男子三人女子二人の混合、女子三人男子二人の混合、と、このようになっているようです。

他人同士では醸し出せない奇跡のハーモニーで一世を風靡し、一九七五年に引退した、ザ・ピーナッツ姉妹は、女子ばかりの魂のグループでした。

男女の混合した魂の場合は、あるときは女として生まれ、また、あるときは男性として生まれるために、男女両方の機微を心得ていますので、豊かな表現力をもっていることが多いようです。なかには、前世の記憶が残り過ぎていて、性器に違和感をおぼえて性転換手術を行う方もいます。こうした魂の五人の兄弟姉妹の組み合わせによって、人間模様が豊かになっています。

宇宙と人間の関係

私たちは、銀河星雲のなかを星から星へと移住しながら、星々を理想的なユートピアにする使命をあたえられた宇宙人、「神の子」です。信じようと信じまいと、それが私たちの「心・魂の実相」であり、ルーツなのです。そうした私たちの生命の本源は「宇宙創造神」から発しています。

魂の中心である理性の根底は神とつながっていますから、神との一体を実感できた悟りを「宇宙即我」（宇宙創造神と心は一体）と呼びます。その次元に到達できた人たちの霊域は菩薩界や如来界で、その代表が救世主として降臨されています。

私たちの修行の最終目標は、この宇宙即我を体感することです。その心境に到達するまで、数多くの転生輪廻を重ねて、いずれは菩薩界や如来界といった霊域に住むことになります。しかし、この途中でドロップアウトし、地獄に落ちるケースも多くあります。心して、地獄に落ちないよう、宇宙の法である「心の法則」を学び、実践する、正しい生き方が必要なのです。

アダムとイブ物語

天上界にエデンの楽園をつくられたのはエル・ランティ様です。

エル・ランティ様（仏様）の分霊が、お釈迦様、モーゼ様、イエス様です。

私たちは、遠くベーター星から移住してきて、最初に住んだところが「エデンの楽園」でした。その場所は、今のエジプトの地中海寄りの場所です。温暖で肥沃なところでした。

そのときの様子は「アダムとエバ（イブ）の物語」として伝えられています。この物語に出てくるリンゴは、偽我・エゴをたとえたものです。ヘビの誘惑に惑わされたふたりはリンゴを食べて天使の心をなくし、自己中心の煩悩に惑わされ、エデンの園から追放されます。このときから、人間は本能や感情などによって悩み苦しむ地獄をつくることになってしまったのです。リンゴは本能と感情をあらわした偽りの自我です。

大宇宙創造神の愛の心から、愛しい「神の子」のためのエデンの楽園から、アダムとイブはあの世に追放されました。しかし、天国には帰れず、四次元の幽界にひとつの集落をつくりました。その欲望が渦巻く集落が「地獄」です。

天国は、神によってつくられた「神の子」のための楽園ですから、神仏を否定し、みずからも「神の子」であることを否定した者は、天国に入ることはできません。

そのような宇宙の浮浪児が天国に帰ることは、ラクダを針の穴に通すことと同じほど難しい、とキリストは説かれています。
天国は、自他一体の思い「相思相愛」の天使ばかりです。
天国は、すべてのものはタダで手に入りますから、お金は不要です。
天国で、価値あるものは愛と「心の法則」です。

第3章　精神分析

心はコロコロ変わる
その理由は、天使と悪魔が同居し
主導権の取り合いをしているから。

仏説 五つの自我意識

人間の心を構成している意識は五つある。
宇宙創造神の意識である愛と調和の理性。
人体を生かしながら守る防衛本能と感情。
生活から学びながら　認識を深める知性。
これら四つの意識をまとめて動かす意志。

精神の構造

心と魂のことを医学では精神と呼び、神の精（子）と書きます。
精神は、人体とは次元の違った心と魂の総称です。
広辞苑から引用しますと、心とは、

人間の精神作用のもとになるもの。

おもむき。風情。
心臓。胸。

知性的・理性的・能動的・目的意識的な心の動き。気分。
であり、精神とは、

となっています。
心と精神の概要はこのように記されていますが、これで精神のすべてを理解できる方はいないでしょう。こうした摩訶不思議な心を意識エネルギーとして科学的に確認した結果を、心の重さの計測などで証明してきましたが、ここでは、心・精神の性格と特性について解説します。

二人の自我がいる

我々の心のなかには、存在の自覚の有無に関係なく、次元を異にした二人の自我が同居していて、知らず知らずのうちに、その二人の自我に動かされています。
今生かぎりの人体を維持する役割を担ったものが本能と感情の偽我です。この偽我は、人体を維持することが目的ですから、人体の「死」と同時に役割を終えます。人体の死後も、この世のものや情欲に心が執着して囚われていると、天国への道が閉ざされますから、この偽我とは、三途の川で決別しなければなりません。
もうひとつの、善我の理性は、神の愛と調和の意識であり、人類共通の智慧であり永遠の命です。人体の死後も天上界で活躍する意識です。こうした相反する二人の自我意識が一体になっているのです。

顕在意識　本能・感情→偽我。人体の保存や欲望などの自我我欲の意識。
排他的な意識。悪魔の心。
潜在意識　魂・理性　→善我。神の愛と調和の心に繋がる人類共通意識。
助け合い補い合う自他一体の心。
向学意識　知性　　　→　野生動物と人間との違いを生んでいる意識。

偽我は自己を中心にして動き、人の不幸は蜜の味、などとうそぶく悪魔の意識です。

それに対して善我は、宇宙に満ちている人類共通の愛と調和の意識であり、自他一体の和を貴しとする意識です。この善我、すなわち理性が、偽我を制御・コントロールしています。

私たちの住む地上界は、神の意思のあらわれ、「神の神殿」です。この神殿は身近な自然の山川草木から、鳥や野獣、月、太陽、銀河までのすべての宇宙が含まれています。大自然のあらゆる生命体の存在によって、人類は今日まで繁栄してきました。そうした自然と同じように、心や精神も単一なものではなく、多くの意識からなっているのです。

各意識の関わり

章の最初に述べた、理性、本能、感情、知性、意思という、五つの意識と行動の関係は次のようになります。

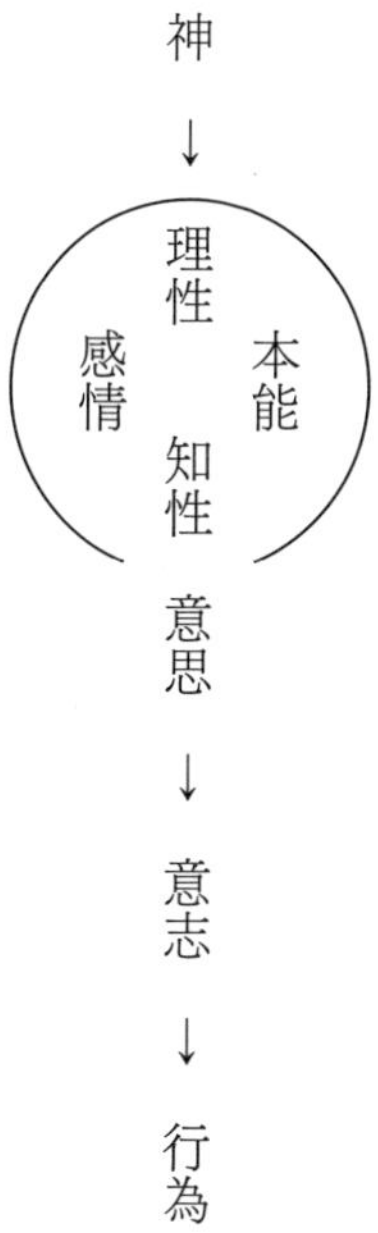

こうした各意識が相互に働くことで、私たちは人間として機能しています。感情や本能や知性などがあれこれと思念して一致すると、意志が働き、意思の目的に沿って、言葉や表情や行動などの行為に移ります。それが思念と行為の関係です。このとき理性は、思念と行動が暴走しないように監視します。

五つの意識

1　本能

本能は、生物が地上界で生きてゆくために神から与えられた、人体の保存と子孫繁栄のための意識です。もし、神が地上の動物に本能を与えなかったとすれば、生存や種族保存は不可能です。人間も動植物と同じように、本能を身につけて誕生しています。

これは救世主・ブッダも同じですから、お悟りになるまでは私たちと同じ迷い多き凡人であり、多くの罪を犯しておられます。しかし、お悟りになる前にすべての罪を反省し、懺悔して、メシア・ブッダになられています。

本能を大別すると、第一次本能と、第二次本能があります。この第一次本能を真性本能、第二次本能を仮性本能といいます。

真性本能

真性本能とは、人間も動物も等しく持ちあわせているところの純粋本能、つまり飲食本能と性本能です。ただし、野生の動物とはちがい、人間の場合は、季節の変化などに対応できる衣食住を創造し、万物の霊長としてふさわしい「思念と行動」を起こすことで、野生の動物とは異なった方法でこの本能を満たしています。

真性本能は、一定量を満たされれば、満たされているあいだはその必要を感じなくなるという特性があります。

たとえば、食べ物を腹一杯食べればそれで食欲は満たされ、一定のあいだ、欲求に悩まされることがなくなります。同じように、性本能も目的を達成すれば暫くのあいだは求めないでしょう。もし、際限のない食欲があるとすればそれは病気ですから、治療の必要がありま す。性欲も同じです。

仮性本能

真性本能に対して、満たされても際限なく求める本能が仮性本能です。食・性の二大本能以外の、母性・服従・好奇・逃避・拒否・闘争・誇示といった、社会活動からくる第二次本能です。つまり、食と性の基本形を軸にして、地上での社会を築き、調和させてゆくために欠かせない原動力なのです。

社会は日常生活を土台にして成り立ちます。ゆえに家庭のない調和はあり得ません。原野を切りひらき、道をつくり、自動車などを走らせ、物流をスムーズにし、移動や、生活に必要な物資の運搬が容易になることで、より快適で進化した社会が営まれます。これが、動物と人間の大きな違いでもあります。

自然を開拓し、草花を植え、米麦、野菜を耕作することによって、自然と人間が調和した社会を促進するのが大切です。ここが出発点です。そうした調和した社会を営み、人は神の恩恵と慈悲を知るのです。

しかし、本能が膨れ上がり、金銭や闘争、地位や名誉などをかぎりなく求めすぎるようになってしまった現代は、調和を失った、いびつな形になっているといえます。際限のない欲望は、知性の領域にも影響力を持つようになります。バランスを欠いた状態が続けば、国家や社会の混乱が続き、文明の破壊まで進んでしまうこともあるでしょう。

性本能と愛

性本能は、種族を保存する目的のために、一切の生物に平等にあたえられたものです。愛は、寛容・包容という神の光であり、調和の姿です。愛に性本能と感情、知性と理性が加わり、調和の結晶として子を産み育てるのが人間の本来の姿です。人間の愛は、理性や知性をへてなされることが最上です。

愛とは、たがいに助けあい、補いあい励ましあい、ときに峻厳なものであるはずです。愛の結実である結婚は、根本は魂の向上にあり、社会生活の最小単位をなすものです。ですから、愛の根本は男女からはじまり、家庭から社会へと広がって、世界平和へとつながるものです。

こうしたことを忘れて、性本能の満足が愛であると考えてはいけません。そもそも愛は、根本となる男女の関係だけではなく、人類愛、社会愛、隣人愛、友人愛、師弟愛や親子愛のように、多面的なものなのです。

殺人と平和

人類が地球に移住してからずっと、食と性の二大本能が「戦争と平和」の両極端をつくり出し続けています。

はけ口として、現代ではさまざまなスポーツの大会が各地で開かれていますが、この程度の闘争ではあきたらず、紛争が続き、一見平和に見えるところでも貿易戦争が起こっています。

争いがないように見える日本でも、毎日放送する番組に平和なホームドラマはほとんどなく、大半は、殺人やミステリーやサスペンスです。現実にも、それに似かよった数多くの事件が起きています。こうした番組表を見ていると、人間はどうして残酷なシーンがこんなに好きなのかと驚くばかりです。

動物的本能は偽我であり悪魔の心ですから、理性の管理下でないと破滅します。ゆえに、動物の性欲は人間と違っていつも制限されていて、発情期として管理されています。人間は、この本能をみずからがコントロールして、本能から生じる地上生活の原動力をつかい、調和を進めるべき使命をもっているのです。

2 感情

人間は感情の動物です。感情によって動き、感情によって価値判断をしている動物です。辞書によると、感情とは、喜怒哀楽や好悪など、物事に感じて起こる気持ち、情操。心理学では、物事に対する主体の態度、あるいは価値づけを伴っているもの、となります。

感情に影響力をもっているのは魂です。魂は、前世で学び経験した知恵と、現世での生活を記録しているものです。つまり人は、前世の経験と現在の経験とが混ざりあってつくられています。それら前世の経験は、現在の感情ばかりではなく、本能にも知性にも、意志にも影響をあたえています。

人間はそうした魂をもって地上界で修行するので、同じ家庭で育った兄弟姉妹であっても、感情のあらわれかたには違いがあります。

また、現世が男性でも守護霊が女性であった場合は、表面がどれだけ男性的で女性に無愛想でも、いざ交際がはじまるとスムーズに運ぶというようなこともあります。現世で女性でも守護霊が男性の場合は、頑固さが発揮され、テコでも動かないという女性になることもあります。姿は女性でも、態度や言葉が男性に似るのです。

こうした感情は、他の動物には見られない人間特有の精神活動であり、その活動によって、その人の品性や情緒などが高くなったり低くなったりもします。

感情の特質と領域

感情は、第三者には容易に理解できない側面があります。男女の愛情の問題はその典型でしょう。どうしてあんなダメ男にあのようなすばらしい女性が……、どうしてあんなダメ女にあのようなすばらしい男性が……と思うようなことがあるでしょう。

ほかにも、義務や義理、感激など、自分に類似の経験がないと、相手の感情を理解できない場合があります。

本能の領域は誰でも理解しやすいものです。食や性は勿論、母性本能や群居、好奇や建設などが本能の領域です。

感情の特徴

感情は、単純なものと複雑なものに大別できます。

単純なもの　動物にみられる怒り、恐れ、幼児の泣き笑い。

複雑なもの　道徳的、宗教的なもの。

単純なものはきわめて衝動的であり、利害得失の自己保存から出ていて、喜怒哀楽の感情はその一例です。持続的なものとして、恨み、憎しみ、嫉妬などがあります。複雑なものとしては、慈しみやものの哀れなどがあります。

喜怒哀楽

喜怒哀楽は、一見して表面的なもののように思われるでしょうが、意外と根深いものです。

たとえば音楽などもそうで、交響曲と演歌にはそれぞれの持ち味があって、そのよしあしも単純には評価できませんし、深い、浅いがあります。同じように、愛やその他の感情も、一般的に宗教的、道徳的な感情がもとになっていても、一言であらわすことができないものです。だからこそ、感情を描いた多くの文学作品はかぎりなくつくりだされ、読者に感動をあたえているのです。

潜在意識

感情という意識にも、表面意識と潜在意識とがあります。日常生活で動いている感情は表面意識ですから、自己保存の感情が強くあらわれます。その感情をそのままにすると、知性や理性の働きが弱くなり、自分で自分が抑えにくくなります。このようなときは、霊的に見ると、動物霊や地獄霊などが意識を操りやすくなっていますから、最悪の場合には、何十人も殺戮するような大事件を起こしてしまうこともあります。

幼児虐待なども、こうした暴走の果てに悪霊にとり憑かれての犯罪で、年々増加しています。こうした事件を起こさないためにも、私たちは、おのおのの各領域が円滑になるよう、反省が欠かせないのです。

反省の重要性

反省の目的は、心の凹凸に気づいてそれを修正することにあります。本能や感情や理性や知性が風船のように丸く円満であれば、人は間違いを起こすことなく、円満な人格でいられるでしょう。

3　知性

知性は、物事の認識をつかさどる判断能力です。基になるのは科学する精神です。

文明の基礎は、知性で構築されています。動物に文明をあたえたとすると、百万年たっても同じ生活が続きますが、人間は日進月歩です。これは知性による作用ですが、しかし、そうした知性によって、人類が秩序と平和をもたらすことができるかどうかは疑問です。

知性により文明が進み、生活が便利になった反面、文明の利器が多くの弊害を生み出しているからです。経済文明の発展にともなって多くの公害を生み出し、自然を破壊し、生態系の破壊を促進しています。

知性の機能

知性は、あるものやことを追究し、深堀することによって認識を深めます。これは、人間にとってもっとも重要な位置を占める愛や慈悲としても働きますが、全体の調和に欠ける面があります。したがって、知性単独の機能によって秩序や平和を願うのは無理があります。人類が起こす公害や争いを防ぐには、知性も必要ですが、むしろ感情や理性の機能に期待するのが正しいようです。

天才と環境

いつの世にも、幼少期にずば抜けた天才があらわれることを歴史は綴っています。このような人たちは、前世で博士号を習得しているような方々がほとんどです。幼少期から専門知識が潜在することなく表面意識としてあらわれているようですが、同じ年代と比べて飛び抜けているために、新たに学ぶことなく過ごしてしまい、また優越感に毒されて、大人になるとただの人になるケースもあります。

こうならないために、わざわざ貧困な環境を選んで生まれてくるケースもあり、そういう方は刻苦努力して、ノーベル賞に輝くような成功をおさめます。日本人のノーベル賞受賞者の出身大学を見ると、意外に、東大卒業生が少ないのに気づくと思います。

また、わざわざ都会と離れた辺鄙な環境を選び、環境のよい大自然の中で育つことによって、純粋で素直な心を汚すことなく、守護霊や指導霊の導きのインスピレーションを受けて、人類にとって有用な学問を熟成させることもあります。

知識と智慧

知識と智慧とは同質のものではなく、次元を異にした意識です。

向上心によって学び習得した知識は、それを実践することにより「知恵」に変わります。実践しない知識は絵に描いた餅と同じです。日常生活や仕事などで体験した知恵は、この世だけではなく、死後あの世にもついてきて、来世への宝になります。地上界で培った知恵には価値があるのです。

では、智慧とはなんでしょう。

知識が外から得られる外的なものであるのに対して、智慧は、その外的な知識が心のなかで濾過され、体験という努力をとおしてあらわれるものです。外的知識がそのまま智慧に変わるのではありません。智慧の基は、神の愛と調和の心であり、人類共通の意識です。

有用な発明発見

では、有用な発明は、どのような過程をへて生まれるのでしょう。

知性の本質は科学する心だと先に述べました。発明発見もそこにふくまれますが、どんなに既成の理論を重ねたところで、そう簡単に新発見ができるものでもありません。必要なものはアイデアであり、ヒラメキです。ヒラメキは多くの失敗のなかから生まれます。これはノーベル賞受賞者が証明していますし、筆者も体験しています。

こうした発明発見のアイデアの基は、天上界の神界（菩薩界の手前）です。そこで研究者（霊界人）が、地上界と同じような研究室で、地上界で必要とする数多くの有用なものを研究しているのです。そして、その研究成果は、地上界の研究者に霊波として送られています。

心が汚れていない純なる心の持ち主がその霊波を受信できるわけですが、それだけではだめで、アイデアを実用化できる知的レベルと、広く豊かな人類愛の心が必要です。

神界は、霊界と菩薩界の中間にあって、その価値尺度は、自他一体の愛です。さらに、神界と菩薩界の中間に阿羅漢の世界があります。阿羅漢の世界の特徴は、みずからの前世、過去世が思いだせていることです。

4 理性

理性とは、物事の道理によって判断する能力です。総合力が特徴です。理性は、幾多の経験の上に積み重ねられて発揮されます。毎日の経験により、よりいっそう高度の力を持つようになりますから、子供と大人ではその違いが大きくでます。

理性は、経験という土壌を母体としつつ、反省によってその機能がより大きく豊かに育ちます。反省と経験は相互関係にあって、たがいに補いあいながら理性の機能を確かなものにしてゆくのです。

また、理性は自分の行動に対してブレーキの役目を果たしたり、促進したりします。心の制御装置ともいえます。

理性は、行動に移すための意志を固める働きとして、非常に重要な役割を担っています。理性の機能は、経験と反省によって強化されますが、もともとは、本能、感情、知性、意志といったものの働きをとおして育っているようです。

理性は人間である以上、先天的に備わっているものです。しかし、子供から大人に成長するに従って、理性の働きは顕著になってきますから、本能、感情、知性などに比べると、ずっと後になって動き出す意識といえます。

また、理性はあの世の意識、過去世の経験の知恵と人類共通の意識がこの世に持ち込まれているものでもあります。連綿と続いている魂の過去世の知恵が、この世でも、あの世でも、霊域をより高めているといえます。

天上界の霊域が高まるにつれて女性の数が少なくなっているのは、女性は相対的に地上界で理性を働かせる機会が少ないからではないでしょうか。

男は、敷居をまたぐと七人の敵がいるという社会へ出て働き、女は家庭を守る、という長い慣習のせいでしょう。いまは女性も積極的に社会に参画する時代です。「神の子」を育てるという尊い立場から、多くの経験と努力を積み重ねてほしいと思います。

5　意志

意思とは、意志に至る心の全体の「思う」「考える」の部分であり、意志はそれに基づいた行動に通ずる意識の働きをあらわします。意思も精神作用であり意志も精神作用です。

この二つの精神作用は、私たちが日常生活を営むためには欠かせない心の機能であり、この働きがないと、思念と行為、意思→意志→行動の、地上界での生活が成り立たなくなります。もし私たちの心のなかに、こうした精神作用が働かないとすれば、社会は混乱の極みに達するでしょう。

野生の動物は人間と違い、本能と意志が密着していて、あたえられた範囲内で行動し、生活を営んでいます。しかし人間は、本能の他に感情、知性、理性の働きをへて意志によって行動し、その行動には「目的」があります。目的のない行動はあり得ないし、目的を設定して、それに向かって行動していくのが意志の力でもあるのです。意志と目的は切り離せません。

では、目的はどうして生まれるのでしょうか。また、目的を設定する意志はなにに基づいて働いているのでしょうか。それは自我です。自我があるために私たちは意思し、意志を持って行動しています。自我がなければ意志することができないのです。

自我に基づく要求によって目的が設定され、その目的に向かって意志されて、行動へと移ります。私たちの意思→意志は、こうした精神作用を通じて心のなかで常に働いているのです。

自我には、自我我欲の偽我と、神の意思の影響を受けている善我の二つがありますが、偽我の心が強くなると金など営利を求める心が強くなってしまい、それらが行動に移された結果、金のない者は金のある者に仕え、自分の意志に反した生活を強いられてしまいます。こうしたことが現実の社会で起きているのです。そのために、あらゆることで争いが起こっています。生きるための欲望、五官を満足させるための欲望、この世はお金がすべてという自己中心の欲望が原因です。

善我なる自我ではなく、魔が忍んでいる偽我が意志となり、行動した結果が修羅場をつくっているのです。弱肉強食の世界が、あの世の地獄まで続いています。

修羅場の根元は、肉体があるから心が存在していると信じている、肉体しか考えられない人たちの錯覚です。人間の魂が永遠に生き続けている生命であることがわかれば、偽我の欲望に翻弄されるバカバカしさがわかるはずです。

では、平和とは、どのような人たちがつくるのでしょう。

人間が生まれたときの心は、天使の心である自他一体の善我の意識でした。この意識を強めなくてはいけません。人の痛みがわかり、人の喜びをわが喜びにできる人たちの「思念と行為」が、平和な国をつくっていくのです。

善我は永遠の命

私たちの本体である心が、善なる永遠の命であることがわかれば、万物の霊長「神の子」

の使命と、人生を生きる目的がおのずとわかるはずですから、日々、知恵と勇気、努力と忍耐を養う精神修行「精進」が大切になってきます。善なる意思をどう具体的にあらわしていくか、ということです。

意思とは、自我全体であり、本能と感情、知性と理性、意志を含めた精神活動です。

そして意志とは、行動の原動力です。

霊感

五つの意識の他に、誰にも備わっている特殊能力、直感、インスピレーション、霊感があります。霊感は、突然にひらめくものと思われていますが、これは偶然に起こるのではなく、理由があり、過程をへて起こる精神作用の一つです。これを有効に活用すれば、誰でもアイデアに恵まれることができます。

霊感のプロセス

すべての人間は、魂の兄弟である守護霊が常に見守っていてくれますから、私たちがなにかを計画し行動すれば、その企画は守護霊に筒抜けです。よい内容であれば、守護霊も協力して成功へと導いてくれますし、もしその内容が守護霊の手におえないものなら、内容に精通した一段高い指導霊が、守護霊に代わって指導霊としてつく場合もあります。

つまり、問題なのは、指導霊のインスピレーションを受けられる精神状態であるかどうかです。また、インスピレーションの内容を理解して表現する能力の有無です。インスピレーションがあたえられていても、受け入れる能力がなかったり、それ以外のことに心が逸れると、一瞬にしてそのアイデアは消えてしまいます。ですから、経験者は、すぐメモすることを心がけています。アイデアはあたえられたものであり、みずからの発想ではないから、心の記憶に残らないのです。

こうしたインスピレーション・霊感は、あらゆる芸術や音楽、経営や技術開発などであたえられます。天上界のあらゆる専門家が指導霊となって、この世の有用なアイデアを受けるにふさわしい人に提供しているのです。

ですから、霊感を得るためには、そのアイデアを受け入れる能力を持つことが第一条件です。霊感はいつ、どこで受けられるかわかりません。ある人はトイレのなかで、ある人は風呂のなかで、ある人は歩いているときなど、突然やってきます。常にメモができる用意をしておくことが肝要です。

日本で最初にノーベル賞を受賞された湯川氏の奥方の話で「主人が、夜が明けてもなかなか起きてこないので、寝室にいってみると、なにか盛んにメモしていました。なにかいいアイデアが浮かんだからでしょう」というような事例もあります。また、多くのノーベル賞受賞者も、夕方はできるだけ早く帰り、家族と団欒を楽しみ、早寝して、早朝に神経が集中できるようにしていると話しています。いつ霊感を得られても万全の準備がされているわけです。

早朝の時間は金

早朝によい霊感が受けられるのには理由があります。丑三つ時（深夜二時）は、自然の動植物も活動を休み、空気が浄化されています。日の出とともに大気が活性化しますから、自然に生かされている人間も同じように、熟睡した朝の時間は、心の疲れがとれて清々しい時間を迎えています。こうした精神状態のときが、天来のインスピレーションを受けやすいのです。

信じ難い人は実験してみてください。たとえば、晩酌や夕食後に、一つのテーマについて思考した場合と、早朝に思考した場合を比較してみると、夜の思考は、偽我である本能や感情が優先した発想になっているはずです。

それに対して、早朝の思考は、天上界の叡智と共鳴しやすくなっていますから、建設的な発明や発見、新規企画などに適したアイデアが豊かになっていることに気づかれるでしょう。ですから、朝の時間はなによりも大切にするべきです。また、早朝と同じように、昼間でも清々しい自然環境のなかですごしていると、同じように天来のインスピレーションに浴することができます。そんなときに、優れた詩などが生み出されるのでしょう。

静かさや 岩にしみいる 蝉の声
古池や かわず飛び込む 水の音　　　芭蕉

このような俳句は、都会の騒音のなかでは生まれません。

あらゆる部門での成功者は、こうした早朝の時間を有効に活用されています。

もし、いつも二日酔いの状態で早朝を迎えたらどうなるでしょう。筆者も、そのようなことを繰り返していたときは、なにをはじめても失敗に終わり、多額の借財を積み上げていました。しかし、計測器などの開発に携わっていた若い日の、早朝（五時）の瞑想行為を思い出し、実行するようになってからは、多額の借財も完済し、老後になってもお金の心配もなくなり、使命に没頭できて幸せです。

早起きしているときには、不思議な霊体験、現証も多くなっています。

瞑想内観法

瞑想は、己の偽我を抑えて、積極的に神に通じている善我の導きを受ける内観法（心の深部を見る）です。損得の祈りではなく、心を澄まして、宇宙の叡智、智慧と一体になる行法ですから、邪心を捨てることが第一です。

座禅と同じ静かな場所で端座して、背筋を伸ばし、手は膝に置いて全身の力を抜きます。椅子に座った状態でも大丈夫です。呼吸は静かに深く、無理なく、全身に新しい神の命（空気）が行き渡るような感覚にします。最初は、あれやこれやとるに足らない、色んな雑念が浮かんできて、なにをやっているのかわからなくなるでしょうが、そうした雑念にとらわれず、回を重ねていると、穏やかな心境へと進みます。すると、心の汚れが取れて天上界からのインスピレーションや霊感の感度が上がります。

ここで注意すべきは、「無我」の境地がいいという先入観にとらわれることです。無我になると心が空き家になり、悪霊が忍び込みますから、無我になることは危険です。

早朝の時間のなかで瞑想し、なぜ、どうして、と自問していると、その答えが返ってきます。般若心経は、そのようなときに、一筆書きのように綴られたものです。

仏説 般若心経

心に内在する偉大な智慧に到達する心と行いの教　　摩訶般若波羅蜜多心経
　　マハーパニア・パラミタ・ストラ

人間の正しい生き方は、苦楽の両極にはなく中道にありと悟られた
ブッダは、生まれてから現在までを止観し、深く反省されたところ　行深
心の曇りが晴れて、心の眼が開き　般若波羅蜜多時
過去・現在・未来を観透すことができる　観自在菩薩
内在された偉大な智慧に到達されました
その偉大な智慧でこの世を観ると
悩みや苦しみの原因は
すべて五官による心の歪みがもとであり　五温皆空度
五官でとらえたものは、みな無常なのですよ　一切苦厄

わかったかな、舎利子よ、皆々様よ

地上界（色）と天上界（空）は
分離できない不可分の世界であり
同じ宇宙の法によってなり
人間は 天上界と地上界を輪廻し
転生を繰り返しています
また 三次元の人体（色）と
永遠の心（空）は一体の働きをなしています
私たちの思いが行為としてあらわれ
また行為があって心に作用しているのです
すなわち、色心不二、心身一如です
わかったかな、皆々様よ

こうした諸々の宇宙の法は
人間の知恵で替えることはできません

舎利子

色不異空
空不異色

諸法空相

色即是空
空即是色

舎利子

諸法無我

正法神理

無無明

無老死尽

無所得

無苦集滅道

素直（無我）に従うしかないのです
天上界や地上界のすべては
永遠の神の心・意思のあらわれであり
普遍で宇宙に遍満している
神の愛と光エネルギーの世界です
闇のない実在の世界は光明に満ちており
苦しみもなく、老いることもなく死滅することもない
またすべてのものが豊かでなおかつ無料です
ですから奪うこともなく争うこともない
永遠の真・善・美の世界です
ではこの世では、どのように生きたらよいのか
まず先祖・両親に産んで育てていただいたことに
感謝と報恩の思いを行為であらわすことです
それには心身ともに健康で
一切の諸現象に対して
正しく見、正しく思い、正しく語り、正しく仕事をなし

正しく生き、正しく精進し、正しく念じ、正しく止観し
いつも笑顔の絶えない楽しい家庭を築き
調和のとれた日々の生活のなかから
己の使命に目覚め
仏国土ユートピアの建設に励めば
神仏の心と、己の心が共鳴して
心は光明に満ち、安らぎの世界に入ります
すなわち、悟りの彼岸に到達できるのです
そのためには正法神理を理解し実践することです

一九九七・一〇・一〇

第4章　心の法則

天網恢々疎にして漏らさず

宇宙の法則である天網の目は粗いが
どんな小さなことも漏らすことなく
法の霊力が働きその裁きを受けます。

物には物理の法則　心には心の法則

大宇宙は、神の意思と数学によって創造された。
自然界で起こることは物理の法則により起こる。
わが心の思いの結果は、心の法則により起こる。
心の法則がわかれば、心と運命のしくみがわかる。
心の法則を説かれた方は、ゴーダマ・ブッダ様。

宇宙の法は万物を生かす神の心

大宇宙は、神の愛と調和の意思が宇宙の法になっていて、神の愛し子である万物の霊長「神の子」が、法に則って地上界で活躍できるようにはかられています。宇宙の法によって万物が助けあい、補いあって、人類も自然も永遠に繁栄しています。

もし、大自然のなかに生かされている人間だけが他を認めず、自己中心的な、「自分さえよければ、それでいい」という考えで行動すれば、神の愛と慈悲の心とかけ離れ、孤立して、惨めな人生を送るだけでなく、それが地獄へと続くことになります。

この世には宇宙の法があり、物には「物理の法則」があり、心には「心の法則」があります。心の法則を知らずに、勝手な「思念と行為」を重ねていては、みずからの願いとはまったく違った結果になる場合が多いとわかるでしょう。

心の法則は、今から約二千五百年前の中インドの地で、お釈迦様が説かれたものです。しかし、中国などの国をへて日本に伝わってきたために、正しい仏法とは異なって伝えられてしまいました。

憲法と宇宙の法の違い

各国には、その国で決めた憲法と法律があります。

これら憲法や法律は、その国の代表と民意によって制定されますが、世界情勢や国の事情によってさまざまに改憲されたり、新たな法律が制定されています。

では、私たちが住んでいる大宇宙や大自然の場合はどうでしょう。一見して、宇宙にはなんの制約もなく、恒星や惑星や衛星が自由に運行しているように思われますが、こうした大宇宙には、人類があらわれる以前から、未来に向けて、普遍で遍満している宇宙の法、天網があります。この法のなかには、科学の「物理の法則」や、万物の霊長「神の子」人間のための「心の法則」があります。

私たちは、好むと好まざるとに関わらず、宇宙の法のなかで生かされていて、その宇宙の法を基にしてみずからの意思でみずからの運命を定め、あの世からこの世へ輪廻転生して、心を豊かに高める修行をしています。そうしたことを忘れ、正しい生き方と心の法則が理解されていなかったために、予想外の出来事が起こると、その原因がどこにあるのかわからず、迷い苦しんでいたのです。

それはちょうど、自動車の運転技術が優秀だと思いこんで、道路交通法を学ばず、もしくは無免許で、標識や信号を無視して運転しているのと同じです。無免許運転で起こす交通事故は悲惨です。多くの人たちの生命を奪うものです。知らないことは恐ろしいことです。

私たちが有意義で幸せな人生を送ることを望むなら、宇宙創造神の愛と慈悲の心である「心の法則」を正しく理解し活用して、この世に生まれた「目的と使命」を達成すること以外にはないのです。

神の愛が宇宙の法なり

私たちが住んでいる緑豊かな宇宙船地球号は、偶然に出来ていたのではなく、神の愛と調和の意思の「設計図と数式」にもとづいて、宇宙構成素子「神の粒子」ヒックス粒子によって創造されていたことは先にも述べました。二十一世紀の宇宙学、物理学、数学の総合研究によって解明され、その成果にノーベル賞があたえられています。

大宇宙の創造は、宗教界の宇宙創造、創世記と同じように、神のご意思である言霊、神の粒子によってなされたことが科学の世界でも証明されたのです。すなわち、宗教＝科学になったのです。このことは、約九十年前に理論物理学者アインシュタインによっても予言されていました。

ようやく宗教と科学は宇宙の法と一体になったのです。

古き常識を破棄し、認識を改めることによって、真の「自己完成」が可能になりました。

宇宙には宇宙の法があり、科学には物理の法則があり、心には心の法則があります。

では、法とはなんでしょうか。広辞苑による、「法」の仏教的解釈は、真理。道理。正しい理法。
ものの性質。特性。属性。
一切の存在するもの、諸法。
存在するものの分類。カテゴリ。

このようになっています。宗教と科学の進化には大きな違いがあり、二十一世紀まで心の法則と物理の法則は別々な解釈でしたが、心が意識エネルギーであることが理解できるようになってからは、目に見える人体とは異なった高次元の存在であっても、心には固有の「重さ」があることが確認でき、物理の法則でその正しさを実証することができるようになったのです。

心の法則は、目や耳や肌で確認できる物理の法則と同じです。つまり、宇宙を示しながら「心の法則」を中心に説く宗教と、宇宙や地上の諸現象を中心とした「物理の法則」は表裏一体のもの、ともに宇宙の法であり、真理、神理です。この宇宙の法は「天網恢々疎にして漏らさず」の言葉どおり、どんな小さなことでも漏らすことはないのです。

大自然もまた宇宙の法

日本人が生きる上でなくてはならない食べ物として第一にあげられるものはお米です。そのお米はどのようにして食卓にのぼるのか、都会に住んでいては理解できないでしょう。まず、春先に種モミを苗床に撒き育てて、梅雨どき前に田に植え、秋に収穫します。その収穫までの過程は宇宙の法に依っています。

種には固有の永遠の生命エネルギーが宿って、毎年輪廻転生し、時と場所を得て発芽し、農家の愛と智慧と惜しまぬ人手に育てられて、毎年、予想どおりの収穫を提供してくれています。

水は循環するゆえに無限

水は私たちの人体や植物にとって命の源です。

私たちが生きるためには、毎日二リットル以上の水が必要です。では、地球上の水はどのような経路を経て、私たちの飲料水になるのでしょう。

海では、塩分が多い海水に灼熱の太陽が照りつけ、海水の温度上昇によって純水だけが蒸発し、その蒸気が上空で集まり雲となります。その雲が風の流れに乗って陸地へと移動すると、陸地や山岳部での気温の低下によって蒸気が水滴になり、雨や雪となって大地に降り注ぎます。こうして降った雨は谷から川へと集まり、やがて山から里へ下り、その途中の田や畑を潤し、樹木や鳥や動物を育てながら、田や畑の米や野菜も育てて、やがて水は大地のミネラルを持ちかえって海の魚を育てます。

海に還らなかった水は大地にしみこみ、絶えることのない湧水となって、住民や旅人を潤す清水となります。こうして、海水から真水への還元は、絶えることなく「循環」して、永遠の豊かさのもとをなしています。こうした自然から学ぶことが、この世に生まれた目的の一つです。

豊かさの原点

宇宙創造神のご意思で創造された大宇宙、そのなかの太陽系の惑星である地球のあらゆるものは輪廻転生し、豊かな永遠の命の流れのなかにあって、動植物の子孫は繁栄しています。もしこの循環が止まれば、私たちは即「死」です。

輪廻するから無限

海水は空と大地を循環することによって、すべての生命体を育んでいます。地球に生かされているすべての動植物は、たがいの特性を生かしながらあたえあって共生し、神からあたえられた使命を果たしています。お金もまた同じです。

植物は、動物が必要とする酸素や栄養素をあたえ、動物はそのお礼として植物が必要とする二酸化炭素や、糞尿などの肥料をあたえて、たがいに共存共栄し、子孫繁栄していきます。こうした関係は、感謝と報恩の循環であり、輪廻なのです。これが大自然の営みです。

私たちが住むこの世、人生大学の楽園は、こうした自然の愛と調和の思いと行いである感謝と報恩の輪廻によって、エデンの楽園以来の長きにわたって栄えて、今日に至っています。

諸法とは

私たちには、永遠で普遍な五つの「心の法則」と、物理の法則があります。

この宇宙の法・タルマを人間の知や意で勝手に変えることは不可能ですし、この法則をおかせばその償いをしなければなりません。この宇宙の諸法には、勝手な解釈や自我を入れず従うしかないのです。

お釈迦様は、このことを「諸法無我」と説かれています。

ところが、最近の宗教家はこの諸法無我を、仏法は無我になる教え、と勝手な解釈にしていることが多いようです。けっして、仏法は無我になることではないのです。人間の心は「意識エネルギー」ですから、無我になろうとしても宇宙の法に反してしまうことになり、無理です。

もし、この法則を知っていながらそれに逆らって行動すれば、それが不幸のはじまりになり、楽しいはずの人生大学の生活が、迷惑な悲劇をおこしてしまい、異次元の地獄への道におちてしまうことになりかねません。そこでは、似た者が集まりたがいに苦しめあっています。

不幸や悲劇のもとは、心の法則を知らないことが原因か、偽りの心・偽我の所産であり、みずからの神の心である善なる心・善我の意識に逆らった結果です。

自業自得

心の法則を知らずに、勝手気ままに生きているままで、運が悪いと嘆き神仏に祈っても、神仏でさえ救いようがありません。自分の身のまわりで起こる不運、不幸の原因は、「創造と行動の自由」によるみずからの思念がひき起こす、「原因結果の法則」によって起こっているのですから、その責任はみずからが負うのです。
では、五つからなる心の法則を解説していきましょう。

心の法則Ⅰ　心は不生不滅＝エネルギー不滅の法則

この法則は、物理の法則「エネルギー不滅の法則」と同じ法則です。物理では、「エネルギーとは、働きを成す能力・諸量」と定義されています。意識エネルギーである心のもとは、四つの意識、本能・感情・知性・理性などが想念して、意思として方向性が固まった意志が「働きをなす力」です。

この心が不滅だということを、心の教えである般若心経では「不生不滅」「不増不減」とあらわされています。心は生まれることも減ることもない、また増えることも減ることもない、不老不死の、永遠の働きをなす意識であり「命」であることが説かれています。

これが、心と魂と精神の実体、実相です。心は、働きをなす能力と同時に、みずからの思いと行い「思念と行為」の一部始終を記憶する能力を持っています。

実は、これが困った能力なのです。一度思ったことを反省しないかぎり、どんなことも永遠に心・魂に記憶され、記憶力に関係なく永遠にその思いが潜在してしまうからです。

三次元の脳と違って、心は高次元の意識エネルギーの存在です。目や耳など五官から入ってきた情報や、知性などの意識によって思念して意思になった事柄も、そのまま記憶されます。このことを般若心経では、「色即是空」「空即是色」と説かれています。色とは人体、空は心をあらわしています。つまり、前章で解説したように、私たちの思い（意思）が行為としてあらわれ、また行為が心に作用している。このように、心と人体とは相互に作用し合って一対の働きをしているということです。

心と人体の次元が違う例として、幽体離脱現象があげられます。ほかにも、一番身近な現象として、寝ているときの心は人体から離れ、それが戻ると目覚めです。ただ、その事実を実感できている人が少ないだけです。また、いずれ早いか遅いかの違いだけで、寿命がくれば嫌が応でも、心は人体から永遠に離れます。臨終です。

心と人体の関係を正しく理解できていないと、死への恐怖心で心をすり減らし傷つけて、死後の心の古里への帰り道で、迷い苦しみ天国への帰郷を遅らせる原因になります。

心は、生まれることも死ぬこともなく「不生不滅」、永遠を生きているのですから、人体が地上のものとして死滅することを気に病んでもしかたありません。心・魂は、目的と使命をもって創造活動を重ねているのです。

お釈迦様が説かれた教えは、宇宙の創造から心の法則と、人間としての「正しい生き方」

でした。しかし、時がたち、国から国、人から人へと伝わるうちに、無知と欲望に災いされて、科学を無視した御利益信仰となり、他力本願になって、商業化されてしまいました。その結果、正しい宇宙の法、正法神理である心の法則がわからなくなり、多くの人が迷い苦しみ、地獄におちていて、地獄は満員になっています。間違った信仰を布教した鎌倉時代のころから日本仏教の聖人と呼ばれた人や僧侶の多くは、その責めを負って今も地獄です。

この世でおかす罪で一番重いものは、人の思想を狂わす罪です。特に、唯物的な信仰を強制する宗教団体の教祖は大罪です。その罪は、間違った信仰を植えつけられた信徒に正しい信仰である「神の子」の自覚が戻るまで、天国へ帰ることができないのです。

天国は神仏がつくられた楽園ですから、教祖は、信徒の最後の一人に「神の子」の自覚が戻るまでその責任を負い、何百年ものあいだ、無間地獄から出ることを許されません。

また、戦国時代の有名な武将や、戦後名をなした政治家たちも、阿修羅界の地獄で修羅場を演じています。その人たちの苦しみの波動を受けて、現代の世相も混乱しているのです。こうした時代を「末法の世」（正法神理を無視した世）といいます。

神はそのような世を憂いて、救世主をつかわし、人間の知と意によって捻じ曲げられた仏法を正されました。それによって明らかになった法の一つが「心の法則」です。

自殺は大罪

日本の年間の自殺者は三万人になるようですが、いかなる理由があっても、自殺は、「神の子」人間に許されない大罪です。この世に生まれるために、神仏の許しを得て、みずからが望み、両親にお願いして産んでもらっているのに、その大恩を踏みにじる行為です。救いようのない自分勝手な行為です。

ですから、自殺者は、自殺の原因によっては情状酌量もあるように思えるかもしれませんが、二度と再びこの世に生まれることは許されません。

心の法則Ⅱ　輪廻転生＝循環の法則

転生輪廻は、物理の循環の法則と同じです。

この世のすべてのものは、輪廻し循環しています。生命あるものもすべて循環していて、止まることが「死」です。ミクロの原子核から、マクロの大宇宙の銀河まで、止まることなく循環しながら「新生と破壊」を繰り返しています。これが転生輪廻、循環の法則です。大宇宙に生かされている人間も例外ではありません。

繰り返しますが、心・魂が不生不滅な永遠の存在でも、人体はこの世かぎりの生命体です。人類は、天国から地上界へ人体とともに転生して輪廻を繰り返し、心を広く豊かに高める修業を続けながら、永遠の時間のなかで生き続けています。この世・人生大学で学ぶ第一は、神の愛と慈悲のご意思である「正法神理」です。

神に遣わされた救世主、モーゼ様は、人間として行ってはいけないことを十戒として説かれました。ゴーダマ・ブッダ様は、宇宙創造と心の法則、そして正しい生き方を説かれました。イエス・キリスト様は、お釈迦様の仏法に欠けていた愛を説かれました。

このように、私たちは、たがいにもてる力や能力を出しあって、譲りあい、補いあって、生きていくなかで多くの体験をし、心をより広く豊かに高めています。この世のすべてのものは、昼と夜、陰と陽、＋と－、男と女など、相反するものがたがいに特性を補いあって、地上に仏国土ユートピアを建設するのが使命です。

お金とのつきあい方

お金は、人間の働きを貨幣として置き換えて流通を潤滑にする通貨です。

ですから、お金は、生活に心配ない程度あれば充分と思う心の余裕が幸運を呼びます。

お金には不思議な魔力があって、お金を多く持ってしまうと、なんでも手に入るという錯覚におちいります。人望や人徳、統率力や統治能力のない人でも、地位や名誉、総理や首長への願望が強くなります。よほどの不動心を養っていないと、お金の魔力に負けて、お金の奴隷になり、国まで滅ぼすことになります。

この世だけでしか価値のないお金や財産を追い求めていると、宇宙の法を無視した、自己中心的で、自分さえよければそれでいい、という狭くて狡賢い生き方になってしまい、末路は哀れな結末をたどってしまうことになるでしょう。

お金は、生きた使い方が出来る人が多く持つことによって、世のなかが豊かになるのですが、心貧しい人たちが、「もっと欲しい」と、必要以上にお金を貯めてしまうと、そのお金は死に金となり、社会全体の金まわりが悪くなって、不景気の原因になります。

この世でどんなにお金や財産を貯めても、あの世に帰るときには、なにも持って帰ることができないのが人生大学の掟です。持って帰ろうと企んでも、すべてをお見通しのエンマ様（自分にウソのつけない自分）がお見通しですから、天国への道は閉ざされて、「神の子」が自覚できるまで、あの世の住まいは地獄になります。

お金は循環させるから豊かに

大宇宙も地球も循環しているように、私たちの心も、あの世とこの世を循環して永遠を生きています。お金の場合も同じですから、もし、人に渡さずに貯め込んでしまえば、多くの人たちを巻き込んで、阿修羅の住人になってしまいます。

私たちは、ひとりでは生きることができません。それをさとり、「足るを知った」生き方をすることです。そこにこそ、幸運の女神が微笑を投げかけます。お金は通貨というそのままに、次から次へと人のあいだを通過することによって、多くの方々が豊かになります。それを通過させずに止めることが「豊か」と勘違いしていると、心が腐敗し、奈落の底へ墜ちるのです。

足るを知る

最初の通貨である銅貨には、吾・今・足・知、と刻まれていたといいます。

自然界の鳥や多くの動物は、明日の食べ物のことなど心配もせずに、今日一日の恵みに満足して、日の出とともに大空や大地を駆け巡り、夜がくれば静かに休みます。これは、足るを知っているからでしょう。

それに対して人間はどうでしょう。生活や、世のため人のために使うお金以外に、ただ、お金を貯めることを楽しみにして、さまざまな問題を起こしている人がたくさんいます。庶民の税金から高額な年収を得ている首長や政治家が、詐欺まがいの方法でお金を誤魔化したり、また、国の補助金によってなる公益法人で、地位や権力をめぐって争い、お金を湯水のごとく使ったりする。なんと、心あさましい恥を知らない人たちなのでしょう。

心の法則Ⅲ　因果律＝原因結果の法則

お釈迦様が説かれた因果律・因果応報を、物理では、原因結果の法則・作用反作用の法則と呼んでいます。簡単に言えば、原因があるから結果があらわれるという法則であり、作用があれば、その反動の反作用（副作用）があるという法則です。

物理の法則のように、原因が見えて確かめることができるものであれば、容易に理解できます。しかし、自分に関わるすべての「もの」や「こと」が、みずからの思念と行為の結果である、となると、簡単には納得できないでしょう。どちらかと言えば、悪いことは人のせいにしたくなるものです。ですが、すべての出来事のもとは、自分の「思念と行為」の結果である、というのは動かせない法則です。

言葉を変えれば、自分が発信している思いがいつか自分に帰ってくるということ。わかりやすい諺に、「天に向かってツバを吐けば自分に戻ってくる」というものがあります。この世の出来事を精査すれば、自分が思ったことが現実にあらわれていると理解できるでしょう。

思念と結果の時間差

思念の結果が、理解しやすい速さで起これば、そのよしあしもすぐにわかり、悪いことであればすみやかに反省できますが、この世において、思いによって結果が出るまでには相当な時間を要することが多いようです。そのわけは二つあります。

その一つは、思ってから実現するまでの時間が超スローだからこそ、思いが実現する過程・プロセスがよく学べて理解しやすいからです。

もう一つは、その思いが間違いであったと気づいたときに、実現する前に反省し、修正することができるためです。たとえ悪を思っても、その思いの間違いに気付き「反省」すれば、その悪が実現することはありません。これは神の慈悲心なのです。

あの世では、思念すれば「即」結果があらわれます。結果の方が早くあらわれる感じがするために、みずからの思いが引き起こしていることに気が付かない人にとっては、すべて他人が悪いという思い込みにつながり、争いが起こります。こうした人たちの集落が地獄です。

この世では、時間がゆっくり経過していますから、人体の成長過程や、その栄養源である食べ物の成長過程など、いろんなプロセスが理解できるように、結果はゆっくりとあらわれます。天候の恵みや、肥料や、人手などがどのように必要で有効なのかがわかります。

こうしたことが人生大学の重要な事柄ですから、自然を講師として、しっかりと学ばなくてはなりません。この法則に気づくことが悟りの道です。悟りには、苦行や座禅は必要がないのです。

お釈迦様が説かれた悟りへの道は、宇宙の法を学び、「苦楽」の極端な生き方を避けた、中道の生き方「八正道」です。

子供のころは、親に○○が欲しいと言えば、すぐにあたえてもらえたかもしれません。まして一人前になれば自分の判断で自由にものを手に入れることができます。ところが、皆がそれで幸せになるわけではなく、幸せになる人も、不幸になる人もいます。これは、幸せの意義とそれに至る過程がわかっていないからです。因果律、原因結果の法則を知らないまま、無意識のうちに行っている行為の反作用をうけて、不幸や病気をつくりだしてしまっているのです。

こうした、思念と行為による結果を理解するためには、過去に思った潜在意識や深層心理を学ばなくてはいけません。過去とは、今生ばかりではなく前世まで遡ります。それがカルマです。

人生大学の修行の目的のひとつに、カルマの修正があります。

私たちの身のまわりに起こっていることは、今、思ったことの結果だけではなく、忘れていた遠い過去の、悪い癖の結果があらわれている場合が多いのです。その原因を正すには、真剣な瞑想的反省が必要です。また、その反省と懺悔がなくてはみずからが望む幸運は訪れません。身の回りに現在起こっていることの遠因は、過去からの思いの集大成によるものです。

因果応報を、親の因果が子に報いる、と訳すのは正しくありません。その人に降りかかるのはあくまでもその人自身の思念と行為の結果であり、親は親、子は子です。ただ、似た者が集まっているだけです。

暗中模索

この世は、あの世と比べて、初体験を学ぶ機会がたくさんあります。

一寸先は闇の世で、暗中模索、試行錯誤の体験のなかから多くを学ぶことによって、心を広く豊かに高められます。結論を急がず、体験の意義を知ることが肝要です。そのなかで間違いに気がついたら、よく反省し修正すればよいのです。

この世で原因結果の法則を学んでいると、私たちの「思念」による「結果」が手に取るように理解できます。また、そのために時間が設定されていますから、焦らずに、思念と行為、「心と行い」の原因と結果を確かめながら生きることです。

作用あれば反作用あり

物理には、あるものに力を加えると、その力と逆方向に力が働く、という法則がありま す。簡単にいうと、等速で走っている自転車にブレーキをかければ、人体が前のめりにな る、という法則です。

心や身体の疲れを取るための「お酒」について考えてみましょう。

お酒は、疲労回復のためだからと飲み過ぎれば、心にも人体にも悪いことは知られてい ますね。しかし、わかっていてもつい飲みすぎて、身体ばかりではない問題を起こしてし まう。酒好きな方はよくご存じでしょう。甘党の方にも同じことが言えます。

何事もほどほどの「中道」がよく、過ぎたるは及ばざるが如し、なのです。

私たちが在学している人生大学では、この世で経験したよいことや悪いことなどとあわ せ、過去世のカルマとともに現在の自分をつくっています。そのなかで悪しき習慣やカル マを修正することが大切なのです。この心の法則を駆使することが賢明です。

偶然はない

偶然とは、なんの因果関係もなく、予期しないことが起こるさまをいいます。

十九世紀では天動説が常識だった大宇宙のしくみが、二十一世紀には、天文学、数学、物理科学の総力によって、百三十八億年前の宇宙創造から現代までの過程が解明されています。ですから、科学の世界では、必然という言葉はあっても偶然という言葉は死語です。これは宗教界でも同じです。

偶然とは、現象が起こる因果関係や過程、プロセスを理解できていない人が発する言葉です。あの世でもこの世でも、すべての出来事は原因があって起こっています。原因がなくて起こっていることは皆無なのです。

心の法則Ⅳ　カルマ・業＝慣性の法則

等速運動しているものには外部から力を加えないと止まらない、というのが慣性の法則です。

地球も月も原子核の電子も、回転し続けているのはこの慣性の法則によってです。その運動の方向を変えるためには、新たな力を加えないとなりません。自動車の場合はハンドルやアクセルやブレーキがその力になります。

私たちの日常生活においても、朝起きて身を整えてから仕事などに励み、夕食を摂って心や人体を休める、という一日の行動パターンが習慣的に行われていることでしょう。こうした生活習慣は、いちいち新たに試行錯誤しなくても、過去の経験の積み重ねによる知恵が無意識のうちに働いています。

ところが、この無意識の行動に問題が隠れているのです。無意識の生活習慣が心身のためによい習慣であれば問題はないのですが、偽りの心・偽我による習慣が積み重なると、生活習慣病などの問題が起きてきます。悪いと知っていながらその癖を直せない理由は、前世からの癖がカルマになってしまっているからです。

また、過去の間違った信仰、御利益信仰などの他力本願の信仰は、都合のよい他力信仰であり、自分で努力しなくても楽ができるという信仰ですから、真理・正法神理とかけ離れていて、私たちの生き方を歪めています。そうした信仰はいったん破棄せねばならないでしょう。新たに正法神理を学び実践して身に付けるためにも、勇気ある決断と、必死の努力の持続が必要です。

カルマは、過去世の生活でつちかった、本能や感情や知性などによる自己中心的な悪い癖や、よくない生活習慣が潜在意識となったエネルギーの塊です。この悪い癖、カルマは、強力な黒いエネルギーの塊ですから、その塊を溶かすためには、毎日の生活のなかで常に心がけて、宇宙の法を意識した正しい生き方を身に付けるしかありません。

職歴

私たちの職歴を過去世まで遡ってみますと、現在、成功している人は、前世でも同じ職業を体験し実績のある人が多いようです。スポーツや囲碁将棋などが顕著で、小・中・高校時代から頭角をあらわし、何十連勝する人がそうです。

プロ野球でも、大リーグに移籍したりする大人気の選手があらわれたりしますね。そのような人の過去世は、現在と同じ職業に精通し成功した経験の持ち主です。

今生で新たな職業を選んで挑戦している人は、多くの失敗を重ねた末に、ようやく成功できるといったプロセスになります。こうした新たな挑戦は、自らの心を豊かにする大切な行動であり、心を高めるために必要なことです。これは高い霊域の住人に多い挑戦です。

病気

病気とは、気（心）を病むと書きます。

人体は精巧な化学工場ですから、その支配管理者である心が原因になる、生活習慣が原因の病が多くなります。これもまた慣性の法則です。

病気には、大きく分けて「心因性」と「外因性」があるようです。ウイルスなどの外因性の病に対しては薬剤が有効ですが、心因性の病は、薬だけではうまくいきません。食べ物の好き嫌いや、過度の糖分摂取や、飲酒、生活習慣の乱れなどが原因になるからです。

心因性の病のひとつに、その人の過去世の業、カルマに起因する、生まれながらの病弱があります。兄弟姉妹は元気なのに一人だけ生まれつき病弱な体質だったりする場合です。そういう場合は、たいがい、過去世の生活習慣が元になっています。

その他の心因性の病気は、将来に対する仕事や生活の不安や、孤独感、病気や死に対する恐怖心があらわれることにより起こります。

不安を感じるのは、目に見えるものを求めすぎるからだと、もうおわかりでしょう。苦楽の両極端な生活を求めず、中道、ほどほどの生き方で、分相応で満足できる、安らぎのある生活が健康のためにもよいのです。

心の法則V　類は類を以て集まる＝波動共鳴の法則

類は類を以て集まる、似た者が集まる、というわかりやすい内容です。物理では「波動共鳴の法則」といって、文明社会では欠かせない重要な法則です。

私たちが生活上大きな恩恵を受けている、ラジオやテレビやスマートフォンなどの、選局や、通話相手を自由に選べる原理は、この波動共鳴の法則があるからです。同じように、離れていても心が通じるという「テレパシー」や、「以心伝心」、「虫の知らせ」も、この法則によって起こっています。

一般的には、ただ似た者が集まるという法則ですが、私たちの心の特性は、光や電波と同じですから、たえず受信をしながら、同時に、みずからの感情や思いを発信するという、高性能な放送局であり、受信機です。その私たちの心の放送局が、どこへなにを放送し、また、天国や地獄からどんな放送内容を受信しているかによって、私たちの運命は一変します。

恵まれた幸せな生き方をするためには、心の波動共鳴の法則の理解が重要です。

天国と共鳴

「神の子」である私たちが、神の心の「愛と調和」「感謝と報恩」の思いで行為行動をしていると、そのまわりには似た者が集まり、たがいの思いが、天上界の神仏の心と共鳴しあって、地上界に仏国土、ユートピアである天国が実現します。

こうした言葉には霊力がありますから、言葉もまた、相手の幸せを思う念波となって、天国と共鳴して強力になり、やがて多くの人から人へと伝わり、それが社会から国へと広がって、世界まで広がれば、世界の平和へと進みます。

それに反した自己中心の思いは地獄と共鳴し、気候変動や天変地変が多発する要因となります。

つねに悪霊が私たちの傍にいます。しかし、守護霊と指導霊もまた私たちの傍にいて、順調に生活できるように守ってくれています。生活が困難なときや、天変地変などのときにも導いてくれますから、守護霊からのインスピレーションを正しく受け取れれば、災難も無事にすごすことができます。ただし、悪霊と共鳴すると奈落の底へ落とされます。

いつも守護霊と交流できる、汚れなき穏やかな心が大切です。

地獄と共鳴

自分さえよければそれでいい、という排他的で欲張りな心や、いつも不満に満ちた、怒りや愚痴の心で生活していますと、共鳴した悪霊がそばに集まってきます。その結果、悪霊にとって都合のよい言葉が「耳元で囁かれ」、それがもとで、思いもよらない不幸を背負うことになります。これは、言葉を神のお告げと勘違いすることで起きる悲劇です。私たちは、神から直接に言葉を掛けられることは絶対にありませんから、騙されないことです。おそろしい事件が報道されることがありますが、その多くは悪霊の憑依によるものです。

類は類を以て集まる、また似た者が集まる、という法則は、この世でもあの世でも、私たちの運命に大きな影響力を持った法則です。

また、あの世は、この世の人生大学で学んだ成果によって、おのおのが発している魂の波動の精妙さと、心から発する「後光」の光の量によって、帰る霊域が決まります。それを決めている法則が、波動共鳴の法則です。

こうした法則は、私たちの力ではいかんともしがたいものですから、あの世に帰って後悔しないように、今からの心掛けが肝心です。

仏像は悪霊のすみか

日本での信仰の特徴として、偶像崇拝があります。

ブッダが、「大きな心の人間になりなさい」と説くと、大きな仏像「大仏」をつくって拝んでいます。大仏は、ブッダの教えを形にあらわしたモニュメントであって、拝む対象にしてはいけないものです。実際、動物霊や悪霊が、無知な人間が仏像を拝む行為を面白がって、仏像をすみかにしています。

悟りへの心構え

ブッダは、悟りに至る絶対条件として「三宝帰依」を説かれています。三宝帰依とは、仏・法・僧に帰依することです。ブッダの教えに帰依し、正法神理を学び、正統な僧侶として、正法神理と「八正道」を多くの人に伝える。これが菩薩行の絶対条件です。

よき師よき書を選ぶ

波動共鳴の法則は、喜びは喜びを呼び、笑顔は笑顔を呼び、感謝は幸せを呼ぶという法則です。同じように、悲しみは悲しみを呼び、不満は不満を呼び、争いは争いを呼び、憎しみは憎しみを呼びます。

私たちは、先生や書物などから多くを教えられて、現在があります。今後も同じように生き続けるでしょう。人生の目的である悟り、至福を求めるなら、よき師とよき書とよき友を選ぶことです。自分と同じ理想を持った人と縁をつくることが大切です。たとえ直接会えなくとも、よき師の著書を手元に置いてたえず学ぶことにより、悟りの道は開けます。

我流のひとりよがりでは、心を豊かに高めることはできないでしょう。

よき友を選ぶ

人生大学における喜びの源泉は、よき仕事、よき伴侶と「良き友」です。そのようなよき方々と縁をつくるために、多くの出会いの機会を持つことです。ひとりで閉じこもっていてはそれは不可能です。みずから心を開き、親しみをもって社交を心掛けることが大切です。

よき友をもつコツは、積極的に趣味を持つことです。その趣味を通じて縁ができ、会話も弾みます。会話のなかからたがいの心の交流がはじまり、似た者が集まって交流の輪が広がります。

そのほかに、名前の同じ画数は引きあうという共鳴現象があります。心がうちとける要因として、名前の画数のうち一つでも同じ画数であると、その画数による縁ができやすくなります。名前は単なる符号ではないからです。

名前の神秘

名前は、文字による性格と、名前の画数による性格があります。

五十年ほど前、都下のある夫婦が、息子の名前を「悪魔」と役所に届けようとして問題になったことがありました。

姓名は、その人そのものをあらわしていると考えられます。また、姓名の画数の数値にも、数値独特の性格があります。

日本では四とか九は凶数として忌み嫌いますが、それに反して中国や西欧では、それらの数を吉数としています。同じように、日本では十三を繁栄の数としますが、西欧では十三は凶数として忌み嫌っています。

どちらにせよ、名は体をあらわす、といわれるように、名前の画数には、性格や運勢を暗示する力があるのです。ですから、運命を変えるためには改名（戒名）も有効な手段です。

画数も共鳴する

二十一世紀の物理科学や数学の世界では、「神の暗号」「神の数式」といった、神の名を冠した言葉が多く使われはじめました。こうした数字は、単なるものを数える単位というだけではなく、言葉と同じような言霊、霊力が宿っていて、その数値独特の特徴や性格があります。また、同じ数値に共鳴しあい、引きあうという現象・現証があらわれます。名前の画数にもそれがあらわれるのです。

例をあげてみましょう。画数十七は、真面目で一本気な性格です。明治維新の志士、各人の、太字部分の画数の合計に注目してみると、いずれも十七画です。

吉田松**陰**　　高杉晋**作**　　**西**郷隆**盛**　　**坂**本龍**馬**

桂**小五郎**　　大久保**利通**

この六人の生まれ育った地域はバラバラでも、天上界から同じ目的を持って生まれた人たちだということがよくわかります。「十七」という数が共鳴して集まり、明治維新が達成されたともいえます。

縁はあの世から

私たちの出会いも、各人の使命や目的によって、あの世からの共鳴現象の縁によって導かれ、目的を果たしています。この世の人間関係は偶然のものではないのです。親子兄弟姉妹は当然、夫婦もまた、前世からの縁であり、信頼があってのことです。離婚は極力避けるべきです。

戒名・改名

戒名の起源は、お釈迦様のインド時代に遡ります。

当時、ウパテッサという名の弟子がいました。修行の成績は群抜いて優秀でしたから、お釈迦様から、改名によって心機一転、精進を深めるようにと、シャリープトラと改名されました。その結果、智慧第一と言われた舎利子尊者です。

その後、日本に西郷吉之助（分身）として転生されて、西郷隆盛と改名されています。また、女性の弟子サチが同じように改名され、マイトレーヤ（日本名・弥勒菩薩）になられています。こうした経緯から、日本仏教でも、修行の過程で改名することが慣習になっています。

しかし、いつからかは定かではないのですが、檀家の信者の死後に戒名・法名を付けることが慣習になっています。戒名や法名をつけて名を変えるのは、生きているときにするから効果があるのです。信徒の死後に改名してもなんの意味も効果もありません。

考えてみて下さい。死んだ人がどのように自分の戒名を知ることができるのか。死者は、死ぬときの名前しか記憶がないのですから、供養のためというなら、かえって俗名のほうがいいのです。

恐怖が恐怖を呼ぶ

人間にとって、未知に対する恐怖心は、強力な黒いエネルギーです。

一般的に恐怖心とは、いまだあらわれざる事象に対するよくない想像です。この恐怖心の最たるものが、いつくるかわからない、死に対する恐怖心です。死の後のことがわからず、見当がつかないことが恐怖心を増幅していますし、肉体の死によって、自分という存在がなくなるのではないかという、妄想と錯覚が恐怖を助長しています。

心と命の本質を知らずに、死滅する身体に執着している偽我が恐怖しているのです。この恐怖心を制する者こそが成功と生き甲斐をつかみ、悟りを得ると言ってもいいでしょう。

本当の自分は、永遠の命の心であり魂なのですから、真の自分には、永遠に死はないのです。身体がなくなっても、心は転生を繰り返し生き続けます。

ですから、恐怖する意識から脱却しなくてはなりません。意識を革命的に改革し、安らぎを得ることです。

死の問題だけに限らず、基本的に恐怖心は本能の防衛本能です。見栄を張ったり、大きな家に住んだりする理由は自分を守るためです。この「虚栄心」を大切にしているかぎり、恐怖心から脱出することはできません。恐怖心をなくす方法は、間違った信仰から脱却して、宇宙の真理・神理を知ることです。

私たちの肉体の使用期限が切れると、見た目には肉体の活動は終わりますが、心・魂は天上界へ還り、永遠の命を生きます。これは永遠に続いている輪廻転生であり、永遠に変わらない本来の自分の命の実相です。

肉体の死は、人生大学の卒業の証であり、本籍地たる天上界への帰還であり、天上界への誕生です。死には、人生大学の学友との別れがついてきますから、その悲しさはあるでしょう。でもまたチャンスが巡ってきます。再誕生できるのですから、今生の家族や友達も、同じ運命を予定していれば、また会うことができます。

今の思いは、永遠の未来へと続いてゆくことでしょう。

以心伝心

昔からよく言われている以心伝心は、先述した波動共鳴の法則と、似た者が集まる、という心の法則が基です。

私たちの心である意識エネルギーは、ラジオの電波と同じように、各人固有の波動を持っています。趣味などで気があう者同士、「気が通じあう」などといって、多くを語らなくても思いが通じあうことがあるでしょう。これも以心伝心です。

特に男女の関係では、あの世の約束という因縁で引きあい、結婚へと進む場合などもそうです。この場合は、天上界のコンピューターから発信された電波で誘導されて出会うのです。天上界の波動による導き、これも以心伝心のひとつといえるでしょう。

こうした現象は、出会いにかぎらず、天上界にいる魂の兄弟や、守護霊からの干渉や、たがいの念波の共鳴によっても起こっています。災害時や臨終のときの緊急信号が、親族や親しい人などへ発信されて、「虫の知らせ」となるような現象がそうです。

指導霊からの通信

私たちの使命によって、指導霊が霊感をあたえてくれるというのは先にも述べました。主に指導的立場の人や、発明や発見などのアイデアを求める人に、インスピレーションをあたえてくれています。通信の方法は、心の底での意識の交流、ヒラメキであって、耳に聞こえる言葉でのアドバイスや指示はありません。もし、言葉が耳に聞こえる現象があったら、それは悪霊の仕業です。

耳元のささやきは悪霊からの通信

天国に帰れない悪霊は、人間の生活圏にいて、この世の出来事に関心を持っていますから、迷える人に憑依して、その人の耳元で囁き、混乱する人を見て喜びとしています。

本物の守護霊や指導霊との交流は、心の底の善我意識による交流です。それは耳から聞こえる言葉ではなく、心の底から湧き出るみずからの意識、気付きでありヒラメキです。ですから、耳元で「霊言」が聞こえたと、有頂天になって話している人や、霊感をもとに言葉として受け取ったようなものは、信じるに値しないものです。

この世での修行は暗中模索。試行錯誤し、多くの体験から自力で学び、心を豊かに高めることが目的ですから、カンニングのように、安易によい結果を得ることは許されません。

天上界の人たちや守護霊といえども、この世で修行している人たちに、直接の干渉は許されていないのです。

私たちを直接指導できるのは、神仏から遣わされた救世主だけです。それだけこの世での修行は厳しく、厳しいから価値があるのです。安易な霊感や霊言などによる指導などはもってのほかですし、そうしたことを望めば悪霊の餌食になります。

今から三十年以上前、霊能者の予言が政財界で人気になったことがありましたが、その霊能者はハワイで焼死しました。霊能者は動物霊が憑いていて、その動物霊が耳元で囁いて指導していたのです。ところが、その悪霊に御馳走を供えることを怠ったために焼き殺され、地獄へ引きずり込まれたのです。悪霊でも、地上の人間より先が見え、多少の霊力があるので、騙されないようにしなくてはなりません。

不動心を養う

あの世は、天国と地獄に分かれて存在しています。

それに対して、この世は善もあれば悪もある世界で、善悪正邪を見極め、心を広く豊かに高めるための人生大学です。そんな世に、私たちは、なぜ、どうして、なんのために生まれたのでしょうか。

私たちは「創造と行動」の自由が与えられた万物の霊長です。だからこそ、地上に平和なユートピアを築き、一人ひとりの心を広く豊かに高めて、いずれは、ブッダやキリストのように宇宙創造神と一体になって、次の惑星へと移住して宇宙全体を平和にすることが、私たちの目標であり、生まれた意義です。

そのためにも、現在の環境で宇宙の法を学び、正しい生き方を確立することです。

それには信念を確立して、些細なことで動揺しない不動心を養うことが先決です。

第5章　運命のしくみ

この世には過去があって現在がある
その過去から現在、未来に向けて
生命を運ぶ軌道を運命という。

運命とは

運命とは、「わが命を運ぶ」と書きます。

私たちの命は、大宇宙・大神霊からエネルギーを受けて生かされているもので、個性豊かな万物の霊長として使命を果たしています。

宇宙創造神の愛し子である私たちが、何千何万回と転生輪廻した過去世の心の集大成が「魂」です。永遠の時間のなかで、誰からの指示も強制もなく、自由意志で、神から許されている「創造と行動」を駆使した体験の結晶が運命であり、誰からも邪魔されず、奪われることもなく、前世から未来へと続く、心の旅路の軌道が運命です。

ところが、今までの常識として教えられていた運命は、広辞苑によると、

人間の意志に関わりなく、身の上にめぐってくる吉兆禍福。
それをもたらす人間の力を越えた作用。将来のなりゆき。

このようにあらわされています。

辞書の定義によると、万物の霊長である「神の子」人間が、目には見えない摩訶不思議な、運命という見えない力によって操られる「操り人形」であることになってしまいます。このような定義では、運命の実体が理解できないでしょう。それればかりか、この世に生まれたのは、両親のお楽しみの副産物であって自分の意思ではないから、育てるのは親の義務である、などと言い出し、親孝行どころか、子が親を、親が子を殺害する事件なども起こりかねません。そのうえ、どうせこの世かぎりの命だから、旨いものを食べて、好きなことを好きなようにやりながら死ぬのが幸福な一生だ、などという人生観が蔓延しているように思います。

しかし、果たしてこれが真実でしょうか。

運命は天国からの続き

私たちの運命は、この世に生まれる前からしっかりと決めて、両親をはじめとした、それまでにお世話になった多くの友人や知人、諸先輩や後輩、それに恩師などと縁を結び、この世に生まれた成人以降も計画してきています。今生における運命の基本路線は、あの世においてみずから企画することからスタートしています。

この世に生まれる手順

この世に出生し、人生大学に入学するための手順や申請事項は、次のようになります。

第一に、産み育てていただく母親を探し、お願いすることです。

それまでの、魂の地上での生きざまは、すべて天上界に録画されていて、誰でも見ることができますから、魂の記録を見れば、その魂が、前回までの生涯で親に充分な報恩行為ができていたか、親不孝だったかがすべてわかります。過去世の生活態度を見て、母親はその魂を引き受けるかどうかを決めるのです。

母親がいなければ、この世に生まれることはできません。

このとき既に、母親が結婚する父親も決まっていますから、どのような環境の両親の元で育つかはあらかじめ当人の魂もわかっていることです。兄弟姉妹の有無や、順序、役割も決まっています。

第二は、天上界の役所に、地上界への出生願を提出して、認可をもらうことです。

許可が下りれば、天上界と地上界の中間にある待機所で、母親の妊娠を待つことになります。この期間は約五十年〜七十年です。両親が天上界の役所に申請し、待つ期間と、地上に生まれて結婚するまでの期間が必要だからです。

めでたく親子の縁の約束ができると、天上界の役所にもろもろの事柄が申請され、すべてが天上界の超大型コンピューターに入力されて、運命の転機など、要所要所で、天上界のコンピューターによって導かれることになります。特に、結婚相手との出会いの機会に威力を発揮しているようです。

天上界のコンピューター

天上界には超大型コンピューターがある、と書くと、眉唾だと敬遠されるかもしれませんが、日本で最初にコンピューターを開発されたブッダのお話によれば、地上界のコンピューターは、天上界のコンピューターを参考にして製品化したものだということです。

芸術家や音楽家もこれと同じで、天上界にあるものを地上界へと下ろすことで、新たな芸術や音楽を創造されているようです。

運命を創造する

あの世にもこの世にも偶然はなく、無から有が生ずることは絶対にありません。

この世のものは必ず、宇宙創造神の意思である「神の粒子」よって創造されています。そのなかで私たち人間は、万物の霊長として許される範囲内で「創造」する力、エネルギーがあたえられています。ここがサルとの根本的な違いです。

ですから、地上界へ転生する場合でも、いつ、どこの国に、誰を親として生まれてくるのか、といったことを選択する自由もあるわけです。つまり、生まれた環境などに不満を言うのは、みずからの選択を愚痴っていることになります。

天上界は表・実在界であり、地上界は裏・現象界ですから、主たる運命の筋書きは、天上界にいるときに書き下ろされていて、地上界ではその筋書きどおりに命が運ばれているのです。この基本に逆らった考えや生き方が、苦しみや不幸、不運な運命をつくって悩み多き人生にしています。

日本を選んだ理由

私たちには、創造と行動の自由の他に「選択」の自由があります。その選択の一つに、世界のどの国に、いつ生まれるかというものがあります。私たちは、この自由な選択権を行使して、二十世紀の日本を選び、生まれています。

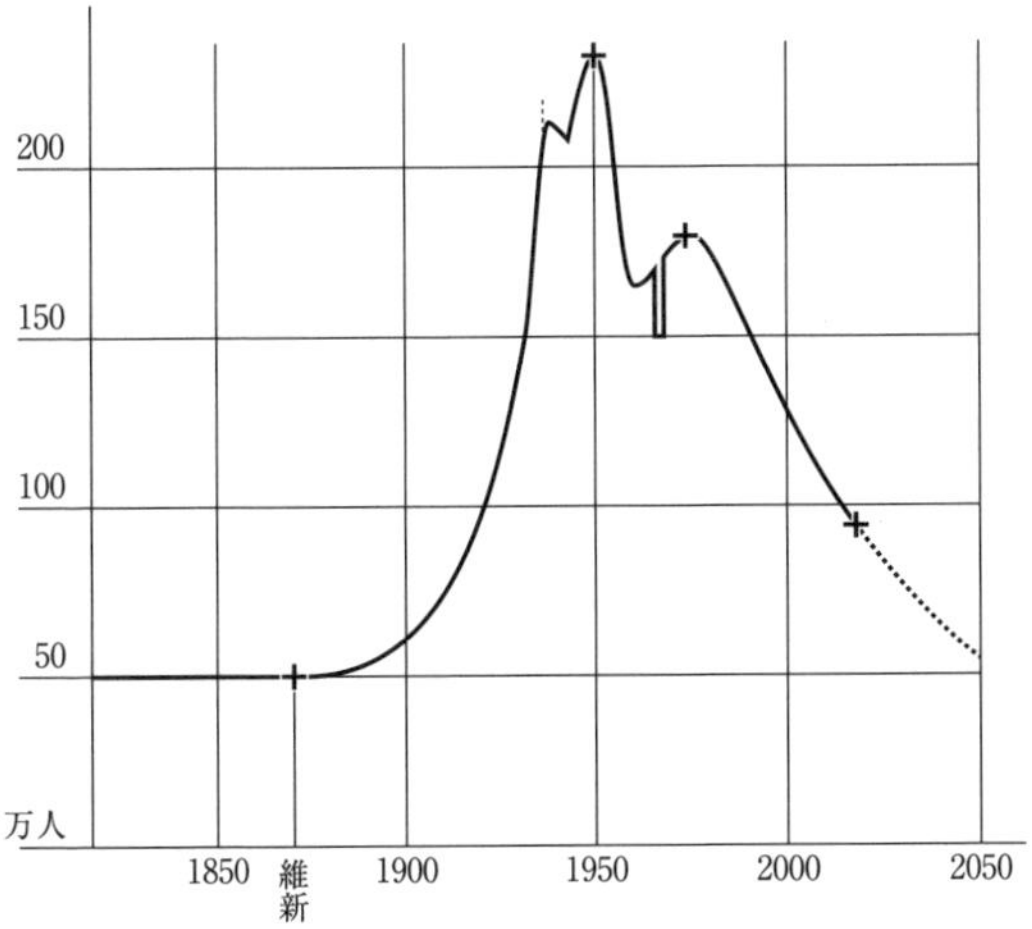

図３　明治維新後の出生数

では、なぜこの時期に、どうして日本に生まれたのでしょう。

そのわけは、今から二千五百年前のインドに遡ります。

お釈迦様・ブッダが涅槃にお入りになるとき、次のような予言をされました。

私が次に誕生して、正法神理を説くところは、極東のジブドーバー・ケントマティです。

皆さまもそのころに転生して、一緒に正法を広めましょう。

ジブドーバー・ケントマティとは、極東の東京という意味です。しかし、そのころはまだ日本という国名がないころでした。

また、その頃は言うに及ばず、十九世紀の徳川幕府時代にいたっても、まだ、言論や行動の自由が許されなかったため、それらの制度をなくし、自由な国にするために、明治維新が天上界で計画されて、日本は自由な国になったのです。この計画のため、天上界では日本に誕生希望が殺到しました。

ブッダがご活躍された時期は一九四七〜一九七七年の三十年間でした。そのあいだは天災もなく、天候にも恵まれ、戦後の復興から経済成長へと順調な歴史が刻まれました。この期間がベビーブームと呼ばれた時期です。その様子は図3のグラフでわかります。

二十世紀に日本に誕生された宗教家

ブッダの再誕生と時を同じくして、世界的に有名なキリスト教関係の方々も次のように、日本に誕生されています。

・キリストの母マリア様は、今回は、ブッダの母親をお務めになりました。
・キリストの奥方マクマド・マリア様は、不遇な子らのために施設を運営されています。
・キリストの分身トニー様は、フイリピンで奇跡を示され、ブッダを支援されました。

・キリストの使徒ペテロ様は、勤勉に励まれた末に東大総長を務められました。
・キリストの使徒パウロ様は、親鸞として活躍されましたが、今回は音沙汰なしでした。
・キリストの使徒ヨハネやルカも誕生されていましたが、使命を忘れて音沙汰なしです。
・お釈迦様から智慧第一と言われた舎利子は、お釈迦様と再会されて布教されました。
・お釈迦様の最初の女性の弟子サチ・弥勒菩薩は、今回は奥方として活躍されました。
・お釈迦様の息子ラフラは、いまだ動きなし。

みずからの目的にあわせ運命を決めている

お医者さんの子息がお医者さんになり、俳優や女優の子が親と同じ職業で成功する例が多いのは、天上界のうちに、すでに親の職業や環境がわかっているためです。みずからが希望する職業と同じ職業に就く予定の両親に、あらかじめお願いしておく場合が多いのです。

前世の職業から卒業して、新たな職業を身につけたい魂は、それにふさわしい両親を選びます。同様に、前世の嫌な苦い思いから脱するために、前世と大きく異なった環境や職業を選ぶ方もいます。

たとえば、前世は関東で有名な武将として活躍された源頼朝は、今世は信州の貧農に生まれ、キリストの聖母・マリア様と結婚されて、ブッダの再誕の親としてその使命を終えておられます。

武将であったときは、一晩たりとも枕を高くして眠ることができなかったから、今世では命を狙われる心配のない職業を選ばれたのです。

キリストの弟子たち

キリストの弟子パウロは、親鸞として、仏教を民衆が親しめるように布教され、天上界で評価されています。親鸞のさらに過去世は、インド時代のブッダの弟子クナンダでしたから、もともと仏教の素養もあったわけです。

また、同じキリストの弟子であったペテロは、当時は漁夫で無学であったことを反省し、今世は、勉学を第一とする運命を選んで、東京大学の学長まで上られました。

同じくキリストの弟子であるルカは、日本に誕生された救世主・ブッダの活動資金を担当する使命をもつ「大黒天」として生まれていて、その使命を果たせるように、天上界から、事業成功への導きと指導と応援を受けていました。それで大成功されたのですが、その成功が自分ひとりの手柄だと慢心してしまい、みずからの使命に気付かずに一生を終えることになってしまいました。今は、天上界で叱られていると聞いています。

運命の輪廻

私たちは五人の分身が順番にこの世に輪廻転生していますから、運命も、みずから希望し、選び取って、転生し、輪廻しています。

次の会話は、インド時代は舎利子だった恩師にお聴きしたことです。

ブッダと舎利子の会話です。

ブッダ「そういえば、インド時代もあなたは今生と同じ私より九つ年上でしたね」

舎利子「ハイ、そうでした」（お二人とも一白水星という星）

ブッダ「今生の出会いの過程も、インド時代と同じバラモン教のアシャンジャの下から駆けつけてくださいましたね」

舎利子「ハイ、今生もインド時代と同じ運命を辿って、ブッダのもとへ馳せ参じました」

（バラモン教のアシャンジャの今生は生長の家の開祖谷口雅春師）

不運も計画のうち

男女を問わず、容姿の美醜や身体能力によって、職業に向き不向きがありますから、運命を不公平に感じることもあるでしょう。しかし、不満足になることがわかっていてなお、この世に誕生して使命をまっとうしようとしたのは、あなた自身の魂なのです。

そうした不満足をあえて選んだのには、いくつかの理由が考えられます。

みずからのカルマの修正のために、あえて不満足な身体や環境を選ぶ。

両親のカルマの修正に協力するために、そのような環境を選ぶ。

社会の古い常識や因習を改革するために、不遇のなかから立ち上がることを選ぶ。

こうした厳しさのなかに自分を置いて、人間の先入観を根底から覆した、新たな生命観・人生観の先駆者を紹介します。生まれつき、見えず、聞こえず、話せない三重苦を、忍耐と努力によってみごと克服され、奇跡の人として世界的に有名になられたヘレン・ケラー女史です。

女史は亡くなられてから、ブッダのところへ挨拶に訪れました。

ブッダ「随分ご苦労されたようでしたが、地上の生活はいかがでしたか？」
ヘレン「予想していたより楽でした。人の醜い態度や嫌な言葉を聞かされなくてすんだので、心を乱さずに平常心で修行ができました」

さらに、この奇跡の人、ヘレン・ケラー女史に、「私より不幸で私より偉大な人」と名指しされた日本の女性がいました。

中村久子女史です。女史は、明治三十年飛騨高山に生まれましたが、三才のときに両手両足を凍傷で失いました。中村女史は口と腕だけしか自由に使えませんでしたが、口で針を使って裁縫などをこなす様子を見せては、見世物小屋で生活費を稼ぎ、結婚して二人の女子をもうけ、ご主人と離婚したあとは、独力で子供を育てたのです。そして、この体験の講演活動で全国をまわり、多くの方々に深い感銘をあたえたのです。

こうした障害は、生まれる前に計画されたものです。艱難辛苦を克服することにより人類の固定観念をなくすという目的をもった、高い志をもった魂なのです。

裕福すぎて堕落する人々

二〇一八年には、豊潤な資金と権力を手にした人物の悪いニュースが毎日のように報道されました。お金や地位や名誉のために人心を踏みにじるような人は、神仏の愛の心にかなわず、天国への道が閉ざされます。みずからの末路に気付かない気の毒な人たちです。

また、権力を持っている高級官僚が、自分の子供を大学に裏口入学させていたことも問題になりました。実力で入学できない人が、最先端の医療に携わってしまったら、日本の医療はどうなるのでしょう。

財産に恵まれていたり、容姿端麗であったりする人は、そのような環境でないと生きられない、幼い魂の方です。なに不自由ない環境で育つと、自己中心的で我儘な性格になり、人の苦労がわからず、思いやる心もなくします。しかも、反作用として、あの世に帰ってから、この世とは真逆の環境での生活が強制されることになります。しかし、それもまた、みずからが選んだ運命です。

お金は魔物で孤独を嫌います。お金に余裕ができると、なぜかもっと欲しくなるのです。足るを知らないと、心貧しい守銭奴スパイラルにおちこみます。

業の流転

業とは、身・口・意の行為が未来の苦楽の結果を導くはたらき、と、広辞苑にあります。

善悪の行為は因果によって後に必ずその報いを受ける、という仏教の教えがありますが、この世には偶然はありませんから、ここに生きている自分には必ず過去世があり、その体験の記憶は、魂がすべて留めています。そのときの癖が業・カルマです。

今生の生き方が正しく、地獄に墜ちることがなければ、また約六百年後に、自分が望む場所に誕生できます。これは宇宙の法を基にして、各個人の意志によって、どこの国のなんという町の両親かを選び、そこへ生まれてくるわけです。

みずからの過去世の事実を忘れてしまっていると、現在起きる出来事はみな、自分の意志に関係ない、と錯覚してしまいます。しかし、こうした運命を動かしているものはみずからの過去世の生きざまであり、カルマなのです。

二度あることは三度ある

失敗したとき、その失敗が一回で済まず、同じ失敗を繰り返すことを、「二度あることは三度ある」などといいますが、これは、みずからの性格に起因しています。

失敗の原因を反省して、同じ失敗を繰り返さないという強い信念と努力が、成功へのカギになります。

犬が自分のシッポに驚いて追いかけている姿を考えてください。この滑稽な行為が止まるときは、犬が自分のシッポを追いかけていることに気がついたときです。犬の場合は笑い話ですみますが、人間が何回も失敗していては、犬を笑うことはできないでしょう。

みずからの「思念と行為」の結果を第三者の眼で見て、問題点を把握し、再度、成功に向けた企画を練ることです。常に客観的に見る習慣を身につければ、同じ間違いは起きないはずです。

孟母三遷

孟母三遷という故事があります。

孟子を育てた母親は、勉学に向かない環境で生活すると、感化されて堕落してしまうと考え、三回も転居して生活環境を変えたということです。よい環境によって知識と知恵を得ることが大切であるという、賢母の教えです。現代のような、名門校に入学するためだけを目的にした詰め込み教育では、自分さえよければすべてよし、という排他的な人間を育ててしまう恐れがあります。

ノーベル賞受賞者の多くは、厳しくとも美しい自然の移ろいのなかで、情緒豊かな青春を過ごされた方々が多いと聞いています。必ずしも、名門の大学で学ぶことが気品や人格を高めるとはいえないということです。

一寸先は闇の意義

人間には、制約のない自由な創造と行動が許されています。ですから、一寸先は闇のなかで、暗中模索、試行錯誤することが必要になり、その結果はみずからの責任になります。誰しも、明日のことがわかっていれば、無駄な苦労などしなくてもよく、楽しい人生を謳歌できると考えるでしょう。しかし、明日のことが本当に、事前にすべてわかっていたら、衣食住には困らなくとも、拘置所の生活のように、夢も持てず、希望に満ちた生き甲斐ある人生とは程遠くなってしまいます。人間は先の見えない自由があるからこそ、夢と希望が持てる人生にできるのです。

私たちの人生は、一寸先は闇であるからこそ、夢のために失敗の山を築いても悔いが残らず、失敗と思える事柄をも新たな知識と知恵として、再起して、前進する力が湧いてくるのです。こうした繰り返しのなかから発明発見が生まれます。

何百何千という、数えきれない実験の失敗の山の一つが縁となって、人類に役立つ稀有な発見になります。失敗を恐れない忍耐と努力の結果の賜物です。

幼子はひとりで立ち上がっては転びを何回も繰り返し、立ち上がると、手を叩いて満面の喜びをあらわします。一歩あるいては転び、二歩あるいてはまた転びしながら、やがて自由に駆けまわる喜びを味わうのです。失敗に耐えてこそ成功の喜びが倍加します。やがて

煩悩の効果

人間はサルと違って、なぜ、どうして、と考え、悩み苦しむものです。右脳と左脳、善我と偽我、良心と煩悩などの相反する意識による呵責によって、ハムレットのような苦しみを味わいます。煩悩がなく、何事も思った通りにことが運ぶのなら、深く考え込むことはないでしょうが、それでは魂が高まりません。

人間に煩悩が必要なのは、「煩悩即菩提、煩悩があるから悟れるんです」……と、ブッダがおっしゃるとおりの理由です。

天国のように、すべてのものが満たされていると、悩むことも、忍辱も、努力も勇気も精進も必要がなくなりますから、進歩もなくなります。この世で多くの悩み苦しみを得ますが、私たちは、そのなかでよりよい道を求めて精進し、心を高めることが菩提・悟りへの道です。

運命に関わる祈り

試行錯誤することが、心を広くする重要なカギを持つということがわかったと思います。もし、すべての行動とその結果までがわかっていたら、なんの不安も悩みも忍耐も、努力も必要なくなります。これでは、万物の霊長である人間「神の子」にとって、もっとも大切な創造活動ができないことになります。人間は、不便を耐えて、一寸先は闇のなかで全知全能を傾け、試行錯誤を繰り返す必要があるのです。

そんななか、みずからの目標に向かうために、「祈り」がいかに運命と関わりがあるかを知りましょう。祈りとは、人間のつくった仏像などの偶像に向かうものではありません。善我なる真心による言霊、言葉によって思いを述べるものです。

その「祈り」でなくては。天上界の精霊には届きませんし、まして仏典を惰性でとなえたところで、なんの効果もありません。あらわれる現象に対して、みずからの対応が適切かどうか、その思いを述べる祈りが守護霊に伝われば、守護霊の配慮で、諸天善神の協力が得られ、適切な対応が行われます。

祈りの体験

私が、東京に出て一人で間借り生活をしているときのことでした。勤めから帰り、共同炊事場に行くと、今まで見たことのない黒く大きなゴキブリが這いまわっていました。私は驚いて、四畳半の部屋の真んなかで端座し、次のように祈りました。

ゴキブリよ、ここは人間の住むところで、君たちの住むところではないのだ。いつまでも住みつくなら、殺虫剤を撒くから、速やかに退散するように。

このような、命令ともつかない言葉で一回祈って終わったのですが、それから四十年間、ゴキブリとの出会いはありませんでした。

四十年後、バブル崩壊によって仕事に行き詰まった私は、多額の借財を負い、悩みながらスナックで飲んでいました。そこにゴキブリが挨拶にあらわれたのです。そこで四十年前の祈りのことを思い出した私は、新たにゴキブリの駆除を生業にしてみました。すると、不思議にうまくいき、全然いなくなってしまったが魔法でもかけたのか？　とか、ゴキブリが列をなして店の外の階段を下りて行くところが見えたとか、そんな話まで出るほどでした。

こうした不思議な現象・現証によって、不可能と言われていた完全駆除にも成功し、評判が評判を呼んで、その後は、人並みの暮らしができるようになりました。ゴキブリは筆者の運命を変えてくれた恩人です。

思いは常にあの世に通じている

私たちの思い、想念、念波は、常にあの世に通じています。祈りが正しい想念であれば、身近にいる守護霊によって、適切に処理してもらえるでしょう。しかし、不埒な思いの念波は、悪霊に利用され、不幸な結果をもたらします。

思いは、つまり意識エネルギーですから、実現する力があります。物理の法則と同じように心の法則が強力に働き、相応の結果があらわれるのです。

運がいいか悪いかは、すべて、普段のみずからの思い、想念の結果です。

運命を変える方法

今生の運命の根幹は、この世に生まれる前からある程度の枠組みをつくっていますから、初期の運命はあらかじめ決まっています。これも、自分が望んだ結果です。その事実を無視して極端に運命を変えることは困難です。

もし、運命を大きく変えようとするなら、高校や大学など、進路を選ぶときが第一のチャンスです。教養の他に、思想、他力本願的な信仰態度などをあらため、自立した人生観を確立することが必要です。

変えることが可能な範囲は、自己確立してから、みずからの思想・信仰や、職業や、居住地などの範囲にかぎられます。簡単に書けばこれだけですが、このなかで一番難しいのが、みずからの信仰や価値観を変えることで、比較的容易なのが名前を変えることです。

宗教家を目指す人は、まず名前を変えています。今までの名前を捨てるのは、新たな人間に生まれ変わって精進修行するためです。これが戒名です。

戒名の由来

インド時代、お釈迦様・ブッダに、ウパテッサという弟子がいました。修行態度もよく成績も抜群で、弟子の代表的な存在でした。

ブッダはそんなウパテッサに、「修行も進んでいるようだから、この際名前を変えて一層修行に励むように」と告げ、シャリープトラと改名されました。日本では舎利子として知られた方です。

これが戒名・改名の第一号です。舎利子はその甲斐あって、知恵第一と呼ばれるようになりました。それから仏教では、出家したり仏門に入ると、戒名を付けるようになったのです。

それが、いつの間にか慣習として、死者に戒名を付ける習慣になっています。生きているときに改名するから意義があるのであって、本人が死んでから戒名をつけたところで、まったく無駄、無意味の一言です。同様に、死者に対してお経をあげることもまた無意味です。よく生きるための指標としてあるのが仏典です。死んでいる者に正しく生きろ、と言うのがいかに無意味か、おわかりでしょう。

改名・戒名は、心機一転、志を新たにして前進するための一つの方法です。しかし、改名した名前が運勢的に悪くなる場合もありますから、名前を変えるときは慎重にしなくてはいけません。

来世の運命は、老後の生き方で決まる

この世に生まれ、子孫を育て終わった後は、自己責任はともなうものの、自由な生き方ができる人生になります。この人生の後半をどのように生きるかによって、来世の運命の

方向性を決めることができます。

今生は苦労が多かったから来世はちょっと楽をしようかな、と思う人もいるでしょう。また、今生の経験を生かして大成功しようと考える人もいるでしょうし、すでにその計画に基づいて行動している人も多いでしょう。どちらにしても、今生の続きが来世ですから、来世の夢を実現するためにも、老後は一番大切なときになります。

価値観をあらためる

運がいいとか悪いなどと言われるときは、往々にして仕事などが順調に進んだり、予想以上の収益が上がったりして、多額の現金や財産、地位や名誉など、この世でしか価値のないものを得たとき、失ったときです。

運よくそうした財産や地位などを得たがために、かえって不幸な結果を招くこともあります。現在も、多額の遺産の奪いあいや、名誉や地位の奪いあいなど、醜い争いが毎日のようにテレビや新聞を賑わしています。

現世で確認できるような事象以外にも、歴史上、天下をとった豊臣秀吉は幸運な一生を送ったように思われていますが、豊臣秀吉の現在は安らぎとは無縁です。地獄の深部の阿修羅界で、いまだに争いの渦中にあるのです。

自分が一番大切にしているものが、あの世ではなんの価値もないものなら、死後の世界でそれが災いして、かえって不幸な結果になります。永遠の至福を求めるなら、あの世で価値あるものを、この世のうちに見極めておくことが大切です。

天国で価値あるもの

天国で価値あるものは肉眼では見えないものばかりです。

この世で生きるために必要なものは、目に見えるものばかりですし、それらのものがなければ生きることはできません。目に見える人体が生きるためには、目に見えるものが必要だからです。だから必然的に、人は目に見えるものを集めたがり、ありがたがるようになります。

しかし、愛や命は、肉眼では見えません。ほんとうに心が必要としているものは、宇宙創造神の意思である永遠の愛と調和の心であるのに、目に見えないために、ないがしろにされがちなのです。天国をつくられている方はエル・ランティ様で、その分霊がブッダです。天国は神仏がつくられたところですから、神仏を否定していては、天国に入ることができません。

それに対して地獄は、地上界で目に見えるもの、お金や地位や名誉、情欲などに執着している者同士が集まった集落です。

つまり、地上界で運がいいと思っていても、それがあの世で逆転することがあるのです。この世での価値観をあらためなければ、あの世で取り返しのつかないことになってしまいます。

己の身の丈を知る

幸福を感じるときはどのようなときですか？　と聞くと、人より豊かな生活環境に生きていることがわかったとき、という答えが多いのだそうです。反対に不幸を感じるのは、人をうらやむときだそうです。どちらも、他人の動向によって不幸であったり幸福であったりしているとわかります。そのままでは、浮草のような人生になるでしょう。

他人は他人、自分は自分。

このような心境でいれば、幸運は穏やかにやってきます。

離婚も繰り返している

今生での両親、兄弟姉妹の縁は、あらかじめ決められた、あの世での話しあいの結果です。夫婦として結ばれる縁もまたそうで、これはより深いものです。しかし、その縁に反し離婚する方々がいます。離婚する方々は、理由のいかんに関わらず、その人たちの過去世の運命を今生でも繰り返しているのです。

偶然に見える現象

科学では、偶然という言葉を使う必要はないのですが、たまたま「予期しない現象」が起こったとき、「偶然」と呼ばれることがあります。その予期しない現象が、なぜ、どうして起こったかを深く追究した結果が、思わぬ発見につながっています。

トンネルダイオード発見

一九七〇年代、当時ソニーの研究所で研究されていた江崎玲於奈氏が、ダイオードの性能を高めるための実験中、さまざまな素材を混入した実験データのなかに、予期しない異常現象を示すものを見つけました。それが、トンネルダイオードの発見のもとになりました。これは本来の研究目的以外の珍現象であったのですが、その現象を見逃さなかった江崎氏の直感力のすばらしさ、運のよさがわかると思います。

この世に偶然はありません。このときに起こった、目的とは異なる「予期しない現象」は、奇跡のような現象ではなく、いまだ解明されていなかった未知の現象だったにすぎません。

精神を鍛える道

魂を高める道程を「道」とした日本の文明や文化は、美しい自然と人間との調和を求めた、健全な生き方の探求の歴史です。究極の美しさの探求が道となり、さまざまな分野に根づいています。

代表的なものに和歌や俳句、茶道に華道、弓道や剣道、柔道や合気道などがあります。これらは、方法はさまざまですが、すべて精神修行を目的とした鍛錬の道です。

戦後、日本を弱体化することを目的とした3S政策が行われ、スポーツ・スクリーン・セックス解放が強制的に推進されてきました。その結果、およそ健全とは思えない格闘技が全盛になっています。

これらは、一見よさそうに見えますが、殴られたら殴り返す、打たれたら打ち返す、やられたらやり返す繰り返しで、排他的なものに変わりありません。世界平和が叫ばれてから何世紀もへた現在でも、まだこのような作用・反作用的な思想でいては、真の世界平和の実現はあり得ないでしょう。真の平和への道は、同じ主義でも互恵の思想「自他一体」の善我の思いがなければ実現しません。

自己中心の排他的な心は、地獄界の鬼心。
平等な相互主義の思想は、霊界の価値観。
自他一体の互恵の思想は、神界の価値観。

天上界で霊域はこのように分かれています。私たちがどの霊域へ行くかは、今の生き方によって決まります。

大自然から学ぶ

なぜ私たちは自然のなかで生かされているのでしょう。

神はすべてであり、神には不可能はないのですから、私たちが住めるこの環境も、神が創造されたものです。

自然は神の神体

人生大学のキャンパスは大自然です。また、大自然は正法・神理の教授でもあります。万物の霊長「神の子」のために、大自然のすべての生命体が、その身を提供してくれているからこそ、人間は生きることができています。大自然に生かされているというより、正しくは、大宇宙創造神の愛と慈悲心に生かされています。この認識を基にして日々の生活を送れば、安らぎのある至福の時間をすごせるでしょう。それはちょうど、幼子が母親の胸で眠るがごとき快さです。

神の存在を否定し、人間がすべてだと思いあがった自己中心の思想が蔓延すると、地上は黒いスモッグに覆われ、神の愛の光エネルギーが遮断されてしまいます。

ブッダが再誕され活躍された三十年間にはほとんど起こらなかった火山の噴火や、地震や、台風などの天変地変が、一九九〇年頃から急増しているのも、それを裏付けることです。

こうした天変地変で、一昼夜のうちに人類のほとんどが死滅したこともあります。

アトランティス大陸の沈没

今から一万年あまり前、アトランティスという大陸が一夜で沈没したことがありました。その大陸にいた人類は、神を無視した快楽至上の生活をおくり、酒池肉林に興じ、現世利益の意識が蔓延していて、当時の伝道師のすべてを殺戮し、神に勝ち誇っていました。

するとある日、心ある聖者アガシャ大王の下に、天上界から、「明日、大地が陥没するから大陸から離れるように」と連絡が入ったのです。アガシャ大王が今のエジプトへ一族とともに逃げると、大陸は見る影もなく沈没してしまいました。その反動のように、それまで海岸だったチベット高原が盛り上がって現在の位置になりました。チベット高原には現在、海貝の化石が多く発見されています。

それから新たな人類の歴史がはじまったので、私たちが属する霊団をアガシャ霊団と呼びます。また、こうした「ノアの方舟」のような天変地変は、沖縄の近くのムー大陸などをふくめて今までに七回もあったようです。現状のように神を無視した世相でいては、八回目が起こるのも間近なのかもしれません。

天上界では、今世紀末にキリストがアメリカのシカゴに再誕され、世界的な都市ニューヨークを中心にして、明治維新と同じような世界維新をしようとする動きがあるようです。その先駆けとして、坂本龍馬の分身である大谷博士や、桂小五郎の分身である山際先生、木戸孝允の子孫などが、ニューヨークですでに活躍されています。

地球は、神の子供たちが快適に生活できるように昼と夜がつくられ、一年には四季が創造されています。これは偶然ではなく、神の愛と慈悲の思いやりを基にしており、地球の自転や自転角度は、神の設計図や数式によって設定されたものです。ところが、人間が親なる神を無視して、神の体である神殿・自然を我儘勝手に破壊しています。

病んだ人体を救うように、地球に応急手術をするのが天変地変です。こうした天変地変の一つである地軸の変更は、歴史上十一回あったようです。これも、うかうかしていると十二回目がもうすぐ起こってしまうのではないでしょうか。

神仏の懐のなかで命は運ばれている

運命とは、命を運ぶ道筋です。その命である心には善我と偽我があります。偽我とは悪魔の心です。善我とは神の愛の心を中心にした「神の子」の心です。

その「神の子」が、神の懐であるこの世で、心・精神を高める修行しているときが「今」です。常に光のなかを歩み続ける私たちには悪の道筋はありません。この一本の道筋は天国に向っている道です。

次に転生輪廻できるのは約六百年後ですから、「今」を有意義に過ごしましょう。道草もいいでしょう。しかし深入りせず、人生大学で学べる幸運に感謝しましょう。その感謝と報恩の行為のなかに幸せと安らぎがあり、そこに天国への道が開くのです。

第6章　自己完成への道

日本は天国に一番近い国

日本は、天国あるいは極楽にもっとも近づいている国だ。その景色は妖精のように優美で優雅、美術は絶妙であり、神のように優しい性質はさらに美しく、その魅力的な態度、その礼儀正しさは、謙虚であるが、卑屈に堕することなく精巧であるが飾ることもない。これこそ日本を、人生を生き甲斐あらしめる殆どの意において、あらゆる他国より一段と高い地位に置くものである。

――エドウィン・アーノルド

有終の美を飾る

長いと思っていた人生も、還暦をすぎ、職場や仕事から離れて静かに一人の時間をすごすようになると、過ぎ去った過去が走馬燈のごとく思い出されて、あのときはよかったと思うことがあります。あのときはこうすればよかったと悔いることもあります。

後悔先に立たず、光陰矢のごとし、過ぎたるは及ばざるがごとし、青春は二度と戻らず、など、いろいろな言葉がありますが、そのような後悔の念をふっきるために旅に出たり、同窓会に出席したり、若かりしころの思い出の歌をカラオケで歌って過ごしたりする方々も大勢いらっしゃるでしょう。

最近耳にする、「就活」、「婚活」などの言葉は、なかなか耳慣れないもので、「終活」や「断捨離」などの解釈に困って辞書を引いてもわからないことがあります。

文字通りに読むなら、終活は臨終の活動をするということでしょう。でも、どうせ造語にするなら、

優活　　有終の美を飾るために優美に優雅に活動する。

断老醜　　老醜を断ち、質素で有意義な余生を送る。
有終了美　迷わず、人生を美しく終わる。

というように、わかりやすく、よい意味の言葉を使うほうがいいと思います。

言葉は神なり命なり

聖書にも書かれているように、言葉は神の命であり、意思をあらわす生命波動です。言葉は波動エネルギーであり、電波と同じ性質ですから、話す相手の耳にだけ届くのではなく、天上界・天国の住人にも届いています。ただし、同じように地獄の住人にも届いていますから、悪い言葉を使うと、地獄との言葉の「共鳴現象」が起こってしまいます。美しきよい言葉、正しい響きの言葉をつかわないと、思わぬ不幸に引きずり込まれることがあるのです。

天国に近い日本

エドウィン・アーノルドの言葉のように、日本は世界に誇れる国です。日本の言葉は言霊をもち、繊細で優雅です。

聖書の言葉のように、愛の言葉は「神」であり、天国と共通の言葉ですが、憎しみの言葉は、陰険で心を射抜く、悪魔の言葉です。

自由時間が多くなった人生の終盤には、「秋宵覚話」などで「優活」を積極的に行えば、間違いなく人生の有終の美を飾ることができるでしょう。

潜在意識の暗示

こうした言葉は、民族意識の蓄積が潜在意識となっていて、何気なく話している言葉の主導権をもっています。

私たちの一生は、オギャーという言葉ではじまりました。それから、自己表現の最高手段として言葉を使い、命を運んだ結果が「今」という一時です。その今が永遠の未来へと続きますから、今の思いを、止まって観ることが幸運の鍵になります。

振り返って見る

七十歳になったころの私は、一年の計を元旦に祈り、一年三百六十五日の繰り返しをへて、一年を反省すること七十回以上を経験しているのですから、今さら反省するようなこともないように思っていました。

ところが、八十歳をすぎてみると、なぜ、どうして、もっと早く気がつかなかったのかと思うことがかぎりなく出てきます。まさに、後悔先に立たず。そのようにならないために、仏教では、悟りへの道として「摩訶止観」が説かれています。

摩訶止観

摩訶とは、大きいとか、偉大という意味です。

止観とは、止まって観る、止まって振り返り反省する、という意味です。

人間は、創造と行動の自由が与えられている万物の霊長です。だからこそ、みずからの思いと行い「思念と行為」の結果には責任が伴います。正しい思いからの行いであれば、その結果になにも思い悩むことはないでしょうが、みずからが希望していることと違う結果があらわれていたら、いったん止まって、なぜ、どうしてこのようになったのかと省みることが必要になります。

その反省によって、間違いに気がつき、早めに軌道修正することができますし、修正できれば、大過なく目標が達成できます。

この反省、摩訶止観を行うのは早ければ早いほどよく、一年より一か月、一か月より一週間がよいとされています。この反省を行うために、一週間に一日の休みが設けられたのです。本来は、一週間でなく一日の終わりに行うことが最善だと説かれています。

また、この反省は、みずからを責めるのではありません。労をねぎらい、最善の道を求める、積極的な生き方になります。

不完全なこの世に生きている以上、誰でも多くの失敗をおかします。不完全な人間が、多くの人たちの助けを借りて、より豊かに心を高めるために試行錯誤しているのですから、間違いは当たり前です。大切なのは、その間違いに早く気づき、速やかに修正することです。そうすれば、悩みや苦しみの少なく実りの多い人生になります。

悟りを開かれたブッダの教えに学び、先達の歩かれた道の歴史から学びましょう。

歴史から学ぶ

宇宙の法のもと、正しい生き方によって自己を確立するためには、古い信仰による習慣や常識、生活習慣のすべてを見直してあらためる必要があります。

思い込みを打ち破ることの難しさ

人間にとって、新しいことを身につけることは容易ではありませんが、さらにそれより難しいことは、一度身につけた思想や、歴史的な常識、知識、善悪を判断する価値観などを破棄することです。すべてを壊しまっさらにしてから、宇宙創造神の意思たる心の法則や、「八正道」の理解を深め、日常生活に実践するという、「勇気と努力」のほうがはるかに難しいのです。

旧態依然として、惰性で生きていると、その時々の流れを理解してよいことを取り入れる柔軟な心がなくなり、人体も心も老化硬直しやすくなります。その延長上に病気や生活習慣病があるので、心身ともに老醜をさらすことになりかねません。

古い常識が変わった

たとえば、私たちの世代では、エジプトのピラミッドは多くの奴隷の強制労働によってつくられた、という歴史観が常識でした。ところが最近、ピラミッドの発掘調査で古文書が発見され、その古文書が解読された結果、ピラミッドの造営にあたっていた作業員は奴隷ではなく、ナイル河畔の農民たちだったことが判明しています。

雨期になるとナイル川が氾濫して、農地が何ヶ月も浸水するために、その期間の農民は失業状態になっていたので、当時の為政者クフ王を含めた多くのファラオは、ナイル川が氾濫している期間の失業救済事業として、スフィンクスや、幾つものピラミッドをつくりました。その証拠が古文書に記されていたのです。

古文書には、農民たちの休暇届で一番多い休暇理由が「二日酔い」で、二番目は死者のミイラづくりのためだったと記されていました。

日本での失業救済の実績

静岡の銘茶も失業救済

日本でも似た事例があります。多くの志士たちの手によって明治維新が行われ、新政府ができましたが、それによって、徳川八万騎といわれた武士の多くが失業したのです。しかし、その武士浪人たちを集め、静岡の不毛の土地を開墾して、茶畑にした幕臣がいました。

この丘陵の土地は、水の便が悪く不毛の土地でした。その開墾のために、まず川の水を数百メートル以上の坂道を背負って登ったといいますから大変な重労働です。この計画は三万両の予算ではじまりました。発起人は幕臣の山岡鉄舟です。

山岡鉄舟は、禅と書と剣の達人でありながら、人を斬ることもなく、人を生かすことに一生をささげた偉人です。その功績の第一は、東征軍参謀の西郷隆盛を単身で敵地駿河に訪ねて直談判し、江戸城無血開城の道を開いたことでしょう。ただし、現在教わる歴史では、その手柄を勝海舟が独り占めにした形になっています。勝海舟の下で、武士浪人失業救済のために事業費予算三万両ではじめたこの事業も、結局一万両しか出なかったようです。

東京新聞によれば、西郷隆盛は、そんな山岡鉄舟について、

生命もいらぬ、名もいらぬ、金もいらぬ、といったような始末に困る人です。しかし、あのような始末におえぬ人でなければ、たがいに腹を開けて、ともに天下の大事を誓いあうわけには参りません。本当に無我無私の忠胆なる人とは、山岡さんのごとき人でしょう。

と言っています。

山岡鉄舟が、武士浪人を駿河に連れて行き開墾をはじめると、その心意気に清水次郎長が惚れ込み、一肌脱いで協力したとも言われ、歌にも唄われています。

この山岡鉄舟の生活は質素そのもので、給料や財産は貧しい人たちに分けあたえていたために、自分の生活費は剣の指南代や揮毫料などで賄っていました。ときには、ご飯を炊く薪がないからと、板壁や畳まで燃料にしたので、生涯、畳一畳の生活だったといわれます。

こうした生活ができたのは、奥方である房子の理解があったからです。明治維新を裏から支えた人物こそ、山岡鉄舟だったのです。

飛騨高山祭の屋台も失業救済の賜物

飛騨高山の観光の目玉である世界文化遺産の祭屋台も、失業救済事業によってつくられていました。京都で神社仏閣の建設の盛んなころ、飛騨の国は貧乏で税金が払えず、多くの宮大工が税金代わりに派遣されていました。

そうした人たちは飛騨の匠と呼ばれており、その代表が左甚五郎です。ところが、建設が完了して匠たちが帰郷しても、飛騨には仕事がなく失業状態でした。

見かねた各町内の豪商衆がつくりはじめたのが屋台（山車）です。

それが年を追うごとにつぎつぎと各町内単位で建造がはじまり、競いあって、現在も残っている絢爛豪華な十八台の屋台ができあがりました。この屋台は神輿ではなく、町内の子供たちを乗せて町内を引き廻っています。ですから、屋台の神様は「子供」なのでしょう。

こうした屋台が、木材不況だった飛騨の経済の救い主になり、二〇一七年度には訪れる観光客が四百六十万人を超え、観光収入も九百億円を超えているそうです。

悪しき宗教の慣習を断つ

業・カルマや習慣とはおそろしいものです。たとえ新しい真実が発見されても受け入れられずに、古き慣習がまかり通ってしまいます。地動説が発表されたとき、それを肯定した科学者ガリレオが宗教裁判によって死刑になったのも、そうした古い思い込みが原因でした。

死者は遺骨に宿るから、意味がわからなくても遺骨にお経をあげれば成仏する、と信じているような宗教者は、ガリレオを宗教裁判で死刑にした人たちと同じ程度だということです。

二十一世紀の科学は、大宇宙が「神の粒子」でできていることを究明しました。地球は「神の神殿」であり、私たちはその神殿に生かされている「神の子」であり、万物の霊長として地上を平和なユートピアにする使命をもつことが明かされたといえます。

こうした事実を述べただけも、多くの方々からは異端者扱いされるでしょうが、これこそ、科学が認めた真実なのです。古い思い込みを捨てて、あらためて学ぶべき真実です。

自己完成へ

地上界で生かされている多くの生命体は、どういう生きざまであっても、必ず翌年へと命を繋いで、また芽を出し、繁栄する使命を果たしています。私たちの一生もこれと同じであるはずです。

地上の一年の体験は、天上界での百年間に相当する価値があります。ですから、地上での一年を有効にすごすことは、天上界で百年間努力することと同じです。そのためにこそ、すべての「神の子」は、神仏にお願いして地上界へ修行にきているのです。その絶好のチャンスに、感情や情欲や金銀財宝に心が振りまわされていては、取り返しのつかない損失になります。

地上界での私たちは、手探りで真実を求め、自分自身の心の歪みを修正して、この世に生まれた目的を果たしています。今置かれている生活の場が魂の学習の場であることを再認識し、謙虚に自分自身を見つめ直し、自己完成に努めなくてはなりません。

まず己を知る

私たちは、他人の心は冷静に見ていても、みずからの心は冷静に見ていられないようです。なぜなら、肉眼が外に向き、内なる心を見ていないからです。

人間には善と偽りの自我、二人の自分がいますから、他人には冷静で厳しく、自分には盲目で甘く見がちです。冷静に正しく自分を見つめるための習慣と反省が大切です。

宗教では、心の眼を開くことが悟りへの第一歩としています。心の眼が開くと、みずからの過去世まで、カラーテレビを見るように鮮やかに見ることができます。インド時代には、心の眼が開いた人を阿羅漢と呼びました。ブッダの四百七十六人の弟子のなかで、阿羅漢に達した四百七十三人は、五百羅漢と呼ばれています。

当時の弟子の宿舎は、祇園精舎ではなく竹林精舎ベルベーナでした。その宿舎の近くに大きな洞窟があり、ブッダが亡くなられた後、雨期になると、布教に歩いた弟子たちが集まって研鑽していました。洞窟の中には湧水もありましたから、よき研修道場でしたが、みな独身で自炊の、清潔とは縁のないところでした。そんな昔を思い出しながら、私は今日も自炊で過ごしています。

より悟りを深めるために行うべきは、無我になる座禅ではなく、みずからの善なる心を見る禅定です。そのためには、みずからの間違った思いや行為を反省し、懺悔する瞑想的反省が必要不可欠でした。ブッダの多くの弟子のなかで、文殊や普賢尊者は、自分はこう思う、という自己主張の論陣を張っていたために、阿羅漢の境地に達することができなかったのです。同じように多聞尊者も、ブッダの秘書としてより多くのことを聞いていたのに、実行が伴わなかったため、悟ることができなかったようです。

第三者の立場でものを見る

ものごとを見るとき、自己中心の立場で見ていると、自分に不都合なことには腹を立て、自分に都合のいいことには喜ぶという、相手の立場を無視した見方になります。

正しい生き方は、何事も正しく見て、正しく聞き、正しく思い、正しく話す、八正道を実行する生き方です。

現在、日本で愛読されている玄奘三蔵訳の「般若心経」には、この八正道の部分が抜けているので、どんなに愛読されたとしても、悟った人はでてこないのです。

人間は感情的な動物だとも言いますが、感情的にならず、第三者的な立場で、冷静に公平無私な尺度でものごとを見る習慣をつけることが、みずからの心を広く豊かに高める上で最も大切な心構えです。この感情や本能を抑える役割が知性であり理性です。

理性である智慧は、神仏の愛の心であり人類共通の智慧です。

人間と動物の違い

私たちの心は、理性と本能と感情と知性の想念が、意志になり、行為行動に移ります。人間と他の動物との違いは理性の有無です。この、神の愛と調和の意識である理性が、神の心と同根であるがゆえに、人間は「神の子」なのです。

この心を汚すと、神の光を遮ったと同じになり、人は猛獣と同じ行動を繰り返します。このような「心をなくした」人たちが権力を持てば、世は乱れ、天変地変が起こることを歴史は物語っています。

貧しい心とは多くのものを欲する人

ウルグアイの前大統領・ムヒカ氏が、二〇一六年に東京外国語大学で「日本人は幸せですか?」をテーマに講演されたことがありました。そのなかで、次のようなことを述べています。

私たち人間にとって最も重要なことはなにか。それは生きていることだ。いろいろなことができるという意味で「生」は奇跡に等しい。しかし、気の向くままに生きるのと、人生を方向づけながら生きるのとはまったく違う。お金については、お金でものを買っていると思うだろうが、実は自分の人生の一定時間と引き換えているのだ。家族や子供と過ごす時間を削って消費する。一番大切なものは愛であるのに、愛情を注ぐ時間を節度なく浪費していては、真の幸せは得られない。

ムヒカ前大統領の給料は約百万円ですが、そのうちの九十万円を不遇な子たちの施設に寄付して、残りの一〇万円で生活されていました。そして、「自分には深く愛する妻がいますから、それだけで充分幸せです」と、おだやかに語っています。

幸せは気づきと感謝報恩から

隣の芝生は青い、という言葉があります。自分には手の届かないものほどよく見え、身近な自分の環境がよく見えていないことを指摘した言葉です。みずからの幸せを、この世かぎりのお金や財産などに限定しているような、近視眼的な見方から逃れられないようでは、安らぎのある幸せな日々は永遠にやってこないでしょう。

お金が幸せになるための絶対条件だと思っている人の末路は哀れなものです。どんなに自宅を豪華にしても、すばらしい絵画を飾っても、誰にもなにも還元されず、ただ争いの種になるばかりです。

反対に、感謝と報恩の思いでつくられた島根の足立美術館には、連日観光バスが訪れ、多くの方々に感銘をあたえています。日本一と言われる日本庭園もまた、世界の財産として、世界各国から観光客が訪れていました。この足立美術館の創立者は、この賑わいの様子を天国で眺め、地上界でのご苦労を癒しておられることでしょう。

この世の延長があの世

すべての人間は、心を広く豊かに高める目的で人生大学に留学しています。

そのあいだ、人間としての使命を果たしながら、目的を達成しようとするのですから、七、八十年の寿命では短く感じることでしょう。使命を終え、自由な自分の時間ができたころには、人体から若さは去り、老骨に鞭打たなければならなくなります。

しかし、あの世とこの世の違いは、時間と空間の違いだけであって、この世の延長上にあの世があるのに変わりありません。この世で不満や愚痴をこぼし、妬みを抱いたり、怒りやすい人は、あの世では地獄の一員ですし、安らいだ日々を過ごしている人は天国の住人になるというだけです。

変わることといえば、煩わしい日常生活がなくなることです。肉体がなくなるので、衣食住や交通手段などが必要なくなります。思いのままにいつでもどこへでも自由自在に行動できます。

社会人として親として、この世の役割を終えたあかつきには、みずからの未来のためにも、よい生活習慣を整えることが有終の美につながるといえます。

天国への関所　三途の川

三途の川のことを、ただのつくり話のように思っているのではないでしょうか。これは事実に基づいた話です。この世とあの世とは次元の違った世界ですから、死後の世界をこの世の言葉で表現することは難しく、どうしても陳腐に聞こえることもありますが、幼稚に思えても中身は真実です。

現代人の生死観、死後の自分の存在をどのように考えているかを聞くと、「自分の人体はこの世かぎりだから、死んでしまえば、後はなにもないよ」とか、「だから、この世では自分の好きなように生きれば、それが最高でしょう」というような答えが返ってきます。これが真実ならそれでよいのですが、現実は違っています。このような人生観を持っている方は、宇宙の法である「心の法則」がまだ理解できていないのでしょう。「脳が心」だという説を信じて、この世で生まれてこの世で死滅する儚い寿命をもったものを一番だと考えているのです。

心は不生不滅、生まれることも滅することもない永遠の命です。それに対して、人体はこの世かぎりのものですから、いつかは死滅します。否が応でも人体との別離のときがくるのです。

宗教を職業としている者の説教や、人体だけの生死観を説く進歩的文化人と言われる人たちの考えが氾濫していることが、夢多きはずの人生に失望して自殺する若人が多くなっている理由です。自殺は永遠の神の心を否定する絶対悪です。

死後の世界へ旅立つ

人間がこの世に生まれれば、否応なく人体との死別がやって来ますが、心は永遠を生きていきます。この世のことは物理の法則に従いますが、心・魂は心の法則を基にしていますから、肉体の死後の心はあの世の世界へと旅立ちます。あの世とこの世との境が「三途の川」であり、関所になります。

この世では、善人も悪人も共学できることに意義がありましたが、あの世は意識波動の世界ですから、善人と悪人とでは、住むところが完全に区別されます。その関所が、三途の川なのです。

三途の川のしくみ

三途の川の両岸は、この世側の岸を此岸と呼び、天国側の岸を彼岸と呼びます。人体から離れた心・魂は、まず此岸に到着しますが、彼岸、天国へ渡るためには、三途の川を泳いで渡るしか方法がありません。そこで最初は、この世で大切にしていたものを多く持って川を渡ろうとするのですが、川は深く、流されるために、少しずつ持ちものを此岸の河原に置いて挑戦することになります。

結局のところ、この三途の川を渡り終える秘訣は、素っ裸になるしかないのです。この世で後生大事にしていたものを、すべて此岸の河原に置いてからでないと、三途の川は渡れません。ものを持って渡ろうとすると、川の勢いに流され、おちていく先は地獄です。

お金や財産、名誉や地位。好きだった人やペットや飲食品や嗜好品《しこう》などといった、この世かぎりのものを、すべて此岸に置いてからでないと、彼岸・天国へ渡ることができないのです。これが天国への関所です。

死は天国への誕生

私たちは、天国で一度死んでから、この世に誕生しています。同じように、この世で死ななければ天国へ誕生できません。これが真実です。この世での「死」を恐れる心は、宇宙の法である輪廻転生の真実に目を塞いでいるから起こるのです。

学校を卒業するときと同じで、学友との別れは悲しいことですが、卒業そのものは、本人ばかりではなく家族や親族にとってもめでたいことのはずです。宇宙の法に無知だと、新しい門出を祝うどころか、悲しみ、憐れむことしかできないのです。

天国とは

天国は、宇宙創造神の命により、太陽圏の総代エル・ランティ様のご意思によってつくられた「神の子」のための永遠の楽園です。そこは自他一体の愛と奉仕が中心になった、相思相愛の楽園です。

その天国では、欲しいものは欲しいときに、無償で手に入りますから、奪いあう人も、欲張る人も、嫉妬する人も、また、名誉や地位を誇張して威張る人も、怒る人も、怒鳴る人もいません。すべての住人は平等で、たがいに労わりあいながら、心豊かに、神仏の恵みに感謝する日々を送っています。

あの世に帰るときは心だけで帰りますから、あの世では、人体が必要としていた食事や睡眠などは必要なくなります。だから天国では、それらのものを確保するためのお金は必要なくなります。お金の必要がなければ、お金を稼ぐために働く必要もありません。金銀財宝や名誉や地位などは、天国ではなんの価値もないもので、あるとかえって不幸になるものです。

あの世で価値あるものは、愛と心の精妙さです。その心霊によって住むところが決まります。天国や地獄のなかは、霊的な高低によって何段階にも分かれていて、各人にふさわしい霊域に住むことになります。

この世との違い

この世は、霊界の各層からの出身の人たちが入り混じった自由な学園ですから、善人もいれば、自己中心の偽我に支配されている悪魔のような人たちもいる、玉石混淆《ぎょくせきこんこう》の世界です。また、この世は、思ってもすぐに実現しない時間と空間の世界ですから、少しぐらい悪いことを思っても、実現する前に反省すれば、エネルギーは中和されて実現せずに解消されます。

しかし、天国と地獄に完全に分離している死後の世界、霊界では、時間の感覚がこの世とは違い、思えば即実現する感覚の世界ですから、この世のうちに、思念と行為、思うこととその結果のプロセスをよく理解していないと、あの世では戸惑い混乱するだけでしょう。

私たちは、この世の三次元のゆったりとした空間で、宇宙の法や真理・神理を学び、体験して、心を高める必要があるのです。

思念と行為による結果、原因と結果、作用と反作用の心の法則を熟知して、みずからの

「心と行い」を客観的に掴んでいないと、あの世に帰ってからの変化を理解できず、苦しむことになりかねません。客観的に物事を正しく見て、正しく聞いて、正しく思う、正しく話し行動する習慣を身につけておかないと、あの世では、みずからの首を絞める地獄へおちていくことになります。

あの世の体

死後の世界では、私たちは、心・意識体のみになります。意識波動は神の光の帯域です。その体は「光子体」と呼ばれます。この光は肉眼では見えず、心眼が開いてはじめて見ることができる神の光です。

心の眼が開くと、人体を地上界に置いたまま、心だけで天上界へと旅行ができます。天上界でまず驚くことは、人体がないのに、この世に生きていたと同じような感覚がすることでしょう。しかし、光子体（意識体）は光エネルギーですから、光の速さで思ったところへ瞬時に移動できますし、肉体とは次元の違うものです。

ところが、人体が自分だと信じていると、死後のあの世で意識が目覚めても、この世での肉体にとらわれているために、物欲や食欲や性欲が旺盛です。満たされぬ欲望に感情的になり、同類とかぎりない争いを演じてしまいます。

晩節を汚さず

画竜点睛《がりょう》を欠く、という言葉があります。どんなに高名な画家でも最後の仕上げに手を抜けば、すべては駄作になるという言葉です。なんでも、最後の駄目押しがものを言います。長いようで短い人生大学の卒業が近づいても、まだまだ先のことと思いこみ、卒業論文に取り掛かることを怠けていては、つい気が緩み、心に隙ができて悪魔が心を占領してしまいます。これが危険なときです。

終わりよければ天国への道は開かれます。

天国への帰り道

この世で生きる私たちには「創造と行動」の自由が平等に与えられていますから、天使になることも、悪魔になることも自由です。ただし、どんな結果になっても、責任はみずからが負うことになります。人生において大きな間違いをおかしても、神はバチなどあたえません。が、救ってもいただけません。みずからがおかした罪は、いつかみずからが償わなくてはならないのです。

キリストの言葉に、

知って犯した罪より、知らずして犯した罪の方が重い。

みずからを救う者が救われる。

というものがあります。

自分を善人と思っている人は、自発的に反省する意識がないために、多くの罪を重ねるが、自分を悪人と思っている人は、自責の念を持つために、よく反省し善行にはげむ、ということです。

善人なおもて救われる、ましてや悪人をや。という言葉もあります。私たちにとっての大罪とは、みずからが犯した罪に気づかないことです。

万物の霊長

私たちは万物の霊長「神の子」ですが、偽我の煩悩を優先してしまうと、動物と同類になります。みずからを常に正しく制御することができない人間は墓穴を掘ることになります。多くの人を困らせて、自分さえよければそれでよし、とするような輩は人間失格です。

人間は、みずからの「思念と行為」によって、天使にも悪魔にもなれる自由があたえられていることを忘れてはなりません。私たちは、宇宙の法を学び、偽我意識を制御して、天使になることができるはずです。

どうか、善我なる理性意識に目覚めて、偽我の意識の諸々の欲望を制御し、正法神理を実践してください。

お釈迦様・ブッダは、二千五百年前のインドの地で、迷い多き我々のために、簡単で明瞭な八つの正しい生き方「八正道」を説かれました。中道で正法の「八正道」を生活の糧として生きることが、懐かしい天国への唯一の帰り道になります。

仏説　八正道

ブッダの教えの核心は、苦楽の両極端を避けた中道の正しい生き方・八正道の実践こそが、自己完成・悟りへの道であるということです。

ブッダは、お生まれになってすぐに七歩あるいて、天上天下唯我独尊、と言った、という伝説がありますが、これは、お釈迦様が亡くなった後、信者を増やすために、宣伝としてつくられた架空の話です。

キリストが処女聖母マリアから生まれたという話や、生涯独身だったという話も、このブッダの話と同じです。マリア様には大工の夫がいましたし、キリストも妻帯者でした。奥方の名前はマクダノ・マリア様でした。この奥方は二十世紀に再誕し、日本で活躍されています。

救世主と言われる方々でも、お悟りになるまでは普通の人間と変わらず、普通の生活をしています。私たち凡人と同じです。ですから、正しい生き方を実践して、楽しい天国に無事帰還しましょう。

では、八正道の教えを詳しく見ていきましょう。

１　正しく見る

ものを正しく見るには、まず第三者の立場に立つことです。正しく見るための基本です。私たちは、他人の問題にならば比較的正確な判断をくだせます。ところが、自分に関わりのある問題となると、感情や利害関係などが絡んで正しい判断がつかなくなり、自己中心的な判断をくだしてしまいがちです。何事においても正しい判断をするためには、自分の感情などを切り離して、第三者的な立場で見ることです。

特に恋愛のときなどは、理性が盲目になり、本能や感情の領域が膨れてしまいますから、あばたもエクボで、正しく相手を見られないことが多いようです。

夫婦はたがいに鏡なり

縁あって夫婦になった相手とは前世でも縁があった場合が多く、前世で離婚した夫婦は、今生でも離婚してしまうことが多いようです。その原因は自分にあります。「立ち向こう人の心は鏡なり、己が姿をうつしてやみん」という言葉があるように、相手に対して、嫌なように思うことは、その原因の一端は自分にあると思って、反省する心が必要です。特に夫婦は、陰と陽、たがいに特性の異なった者同士が一体となって生活するわけですから、補い、助けあって家庭を繁栄させなくてはなりません。それこそが、たがいの心を高める第一のことになります。

正しく見る、ということは、人の言葉や態度や、あらゆる諸現象の奥に隠されている真実を見極めるために、欠くことができないものです。正しくものを見て考えることで、感情や本能の心を抑え、理性を養い、身につけていくのです。

人を正しく見るためには、その人の思いをよく聞くことも大切です。国においても、民の思いと天の思いを聞くことが国を治める第一の条件になるでしょう。だからこそ、四方八方から聞く「菊」が、皇室の象徴になっているのです。

2　正しく思う

思うとは考えることです。

私たちの行動の方向性は、本能と感情と知性と理性の意思、意志の強さによって決まりますから、苦楽の両極端を避けた、中道の価値観を基にした考え方が、安らぎのある至福への道であり、その道が悟りへの道でもあります。

考えることは創作行為

思い・考え・行動することは創作行為です。

自己の運命をよくしたいと思うなら、正しく思わなくてはなりません。正しく思うためには「正しく見る」ことが基になります。

相手の不幸を願う不調和な思いを持てば、その反作用によってみずからを苦しめる結果になります。これは心の法則に基づくことで、「人を呪わば穴二つ」「天にツバすれば吾が身に戻る」という言葉でもあらわされています。悪の思いの結果は苦しみの連鎖におちいり、反省できるまで、その苦しみが続くでしょう。

地獄に墜ちている人たちもまた、こうした八正道や心の法則を知らず、「神の子」であることを忘れているために、それらを思い出すまで、苦しみの地獄から抜け出せずにいるのです。

地獄におちてから天国へ還ることのできる唯一の道は、「神の子」に目覚めることです。

3　正しく語る

言葉は想念のあらわれです。

言葉は、耳に聞こえる音波と、直接心に響く念波、言霊からできていて、言霊は電波と同じ波動と粒子からなります。私たちの言葉は、話し相手の耳だけではなく、離れていても心に直接伝わります。

真心のこもった言葉は、光の波動として伝わりますから、相手の心も明るくしますが、過ぎたお世辞や、悪意のこもった言葉は「黒い波動」として伝わり、相手の心を暗くし、傷つけて、山彦のように自分に戻ってきます。また、相手に怒鳴られたときなどに、すぐ反発したり、腹を立てたりすると、体に毒がまわるのとおなじですから、時間を置いて、冷静に対処することが肝心です。

ブッダが説かれている「毒を与えられても食べてはいけない」とはこのことです。

言葉は、人によって解釈や受け取り方が違いますから、お年寄りに難しい英語で語りかけたり、若い人に古い話を長々と語っていたりするのは、相手を正しく見ていないことになってしまいます。相手の立場をよく見て、よい波動で話すのが、正しく語るということです。

４　正しく仕事をする

私たちのこの世での目的は、魂を磨くことと、仏国土ユートピアを建設することです。正しい仕事とは、この目的にあったものでなければなりません。つまり、豊かな心と魂を磨く場が仕事です。仕事は、人のために奉仕し、新たに暗中模索、試行錯誤することによって多くを経験でき、さらに、それに伴う知識や知恵を収めながら、心を広く豊かに高めてくれます。

仕事によって、自分もふくめた人々の生活を守ることにもなります。それはまた、職業を通じて人々との調和をはかることにもつながります。健康で働けることは、神の偉大な慈悲であり、感謝と報恩の行為としての仕事が、正しいあり方なのです。宇宙や自然の法の基は、自他一体の愛と奉仕の心です。

5　正しく生活する

人間は誰しも長所と短所を持っています。

長所と短所は、光と影のようなものです。長所は容易に短所になり、短所が長所に変化したりもしますから、長所も短所も紙一重の関係です。

短所とは、自分の心を騒がせ、人の心を傷つけるものです。

長所とは、自他ともに調和をもたらすものです。

長所を伸ばし、欠点を修正することによって、自身の想念と行為はもとより、自分の家庭環境や周囲を明るく導くことができるでしょう。

正しい生活のためには、まず自分自身の調和からはじめることです。自身の調和を保たなければ、自分の周囲を調和に導くことはできません。正しい生活を営んでいければ、過去世のカルマもあらたまってきます。

6　正しく精進する

私たちの一生は、せいぜい八十年ほどの短い人生です。目先の利益や快楽などにとらわれていては、あっという間にすぎてしまいます。この世では、私たちに潜在する智慧の一

○％くらいしか働いていませんから、無駄な経験や失敗が多いように思われますが、だからこそ修行ができるのだと考えなくてはなりません。

精進する目的は、対人関係と地上の環境を整備し、調和させることです。

私たちは単独では生きられないし、また生まれることもできません。必ず両親が必要ですし、祖父母や兄弟姉妹、友人や知人、先輩や後輩や恩師などに囲まれ、関係のなかで生活していきます。そうした環境で、己自身の心が鍛錬され、たがいに尊重しあう心がつくられていくのです。

物質文明が優先してきますと、自己中心・物質中心の思想が強くなり、親子でも他人、夫婦も他人同士だと考える人が出てきます。その考えが高じて、同級生や友人までも、自己の利益追求のための手段のように思ってしまうと、自分以外はすべて敵という考えにも至ってしまうでしょう。恐ろしいかぎりです。

この世でお会いする人たちは、すべて縁があり、過去世でお世話になった人たちです。ですから、よく話しあい、補いあい、助けあえるように励むことが人の道です。

神は、私たちが平穏に生活できるよう、ビッグバン以来百三十八億年もかけて、水や空気、大地や天然資源など、生きるのに必要な環境をあたえてくださっています。これを永久に保存し活用していくためにも、資源の再生産が常に可能になるように、大切に取り扱わなくてはなりません。資源にはかぎりがあります。電気やガスなどの他にも、植物資源や魚介類も大切に活用し、科学の進歩と歩調をあわせて有効に使っていかなければ、いつしか枯渇し地球は破滅してしまうでしょう。

資源を大切にする、ものを大切にすることも精進の一つです。私たちの共同生活が末長く続けられるように、動物、植物、鉱物を整備し、無駄のないように活用していきましょう。

7 正しく念ずる

念とは、思い願うエネルギーのことです。

あれが欲しい、これが欲しい、大好きなあの人と結婚したい、こういう仕事がしたい、という思いで、つまり、念には常に目的が内在しています。

正しく念ずるためには、調和が大切になります。

常に己を知り、その目的が神の心である愛と調和にかなったものであるかどうかを、正しく見ることです。

念を抱くと、それに応じたものが返ってきます。しかし、不相応な願いや、嫉妬や憎しみ、足るを知らない欲望を抱くと、作用反作用の法則が働き、目的がかなう前に反動がやってきます。念じるエネルギーは、分相応に抑えなくてはいけません。その理性が、幸運への道になります。

念はエネルギーであり、自分から発したエネルギーは必ず自分に返ってきますから、正しい目的の念でなければ、みずからの首を絞めるだけです。

8　正しく定に入る

正しく定に入るとは、正しい想念で日常生活を行うことを意味します。心の汚れを取った、八正道の神理にかなった生活です。

今日一日をふりかえり、八正道の正しさに反した想念と行為がなかったかどうかを確認します。もし間違いがあったとしたら、どこに、なぜ……というように、静かに反省して、想念と行為について検討しましょう。そうして、間違ったことがあれば神仏にお詫びし、二度と再び同じ過ちをくりかえさないよう努力します。

反省からはじめていけば、いずれ、神の愛の心と自分の心が一体になります。これを禅定といいます。反省的な瞑想からはじめていけば、やがて守護霊・指導霊と対話し、慈悲と愛の行為ができるようになります。

こうなると、禅定の心構えが、そのまま日常生活に生かされてきます。

今生もいつか終わる

私たちの永遠の心が宿る人体の寿命が、今日で終わるか、それとも明日なのか、これは神のみぞ知る定めです。寿命がいつきても、慌てず騒がず、日々をすごすことができる正しい生き方が阿羅漢の生き方です。阿羅漢の生き方ができれば、この世に生まれた目的と使命を知り、みずからの過去世の心の変遷を知ることもできます。

その方法こそが、苦楽の極端を求めない中道をすすめる「八正道」です。

私たちが、みずからが計画した人生において、多くの縁ある人たちと手をつなぎ、「神の神殿」である人生大学の学園で、楽しく、面白く、ときには厳しく過ごしてきたことでしょう。しかし、いつの日か、卒業のときはかならず迫ってきます。

どうか、かぎられた残りの時間を有意義にすごし、実り多き人生を得られますように。

あとがき

九歳のときから七十三年間、なぜ、どうしてと、心に内在する「もう一人の自分」を追い求め続けてきました。いまようやく、探求していた善なる自分の概要がわかり、公に発表できるときがきたことに、感慨深い気持ちと、戸惑いを感じています。

光陰矢のごとしと言われます。青春時代、仕事に追われているときには他人ごとに思えていたこの格言が身に染みる歳になりました。気持ちは老いていないと思うのですが、体は正直で、ことあるごとに悲鳴をあげるものですから、救急車のお世話になって入院したり……、そんな紆余曲折をへて、ようやく書き終えることができました。

この歳になると、よき師も、よき妻もよき友もすでにこの世にいなくなって、独居生活の自由と、無言の生活の静かさを味わいつつ老醜を晒しています。本編で少し触れた「断老醜」とは、みずからを戒める言葉でもあります。

中秋の宵、雲間の名月を探しながらブラブラと散歩してスナックに寄り、一本のビールでカラオケを唄い、これによって精神年齢を若く維持しようと努力しています。

重い荷物を背負って頂上に着くまでは、気負いもあって一気にのぼりつめましたが、峠

再びあらわれた彩雲

に着いて見渡せばその先は下り坂ばかり、行く先は三途の河原ですから、苦労を背負ってきた過去のお荷物を整理整頓して、よい思い出のみを残す優活に入りたいと思っています。

見通しのよい峠から八十年あまりの人生を振り返ると、あのときああすればよかった、などと後悔に似たものもありますが、よい思い出も多くあり、この思い出のなかから、今後の自分にふさわしい能力をより高める活動はなにかと考えています。その能力を広く豊かに高めて、今生に、優美で優雅な花を添える活動ができれば、悔いのない一生であったと、あの世で待っている五人の魂の兄弟の元へ胸を張って帰ることができます。

本書のはじめに、信州、女神峠で出会った彩雲のことを書きました。偶然の出会いと思っていたのですが、それから二年後の八月八日の正午、住まいのバルコニー越しの小山の上に、再び彩雲があらわれました。その日は、拙書『長寿への指針』の出版日でした。同じことが二度起こるとなると偶然の出来事ではなく、私の思いは天に通じているのだと、勇気をいただきました。前ページの写真はそのときのものです。

誰でも元気なときには「死」など考えないものですが、死が近づいていることに気がつくと、なぜ生まれて、なぜ生きて、どうして死ぬのだろう、と急に考え惑うものです。そのときからでもかまいませんから、生まれた目的を真の自分に問いかけてください。

皆さまの有意義な人生のお役にたてれば、このうえなく幸せです。

最後まで読んでいただいてありがとうございました。

合掌　高嶋良次

平成三〇年　中秋の湯河原にて

●参考文献

『心の原点』高橋信次著　三宝出版
『人間・釈迦』高橋信次著　三宝出版
『原説般若心経』高橋信次著　三宝出版
『心の指針』高橋信次著　三宝出版
『前世を記憶する日本の子どもたち』池川明箸　ソレイユ出版
『子どもは親を選んで生まれてくる』池川明箸　日本教文社
『日本人の誇り』藤原正彦箸　文藝春秋
『国家の品格』藤原正彦箸　新潮社
『古事記』倉野憲司校注　岩波書店
『これが物理学だ！』ウォルター・ルーウィン著　文藝春秋
『ダイアネティックス：科学の進化』L・ロン ハバード著　ニューエラパブリケーションズジャパン
『異次元は存在する』リサ・ランドール箸　NHK出版

〈著者プロフィール〉

高嶋 良次（たかしま りょうじ）

1936年、飛騨高山に生まれる。
９歳のころから霊的体験がはじまり、心の真実を求め続けながら、光を用いた工業用計測器など、数々の商品を開発する。そのなかのひとつが、紙パルプ業界から評価され、佐々木賞受賞。
著書に『幸運を招く五つのルール』（たま出版）のほか、『心と宇宙の不思議な関係』『心＋魔法力』『長寿への指針』がある。

生きる目的

2019年２月１日　初版第１刷発行

著　者　高嶋 良次
発行者　韮澤 潤一郎
発行所　株式会社 たま出版
〒160-0004 東京都新宿区四谷４－28－20
☎ 03-5369-3051（代表）
FAX 03-5369-3052
http://tamabook.com
振替　00130-5-94804
組　版　一企画
印刷所　株式会社エーヴィスシステムズ

ISBN 978-4-8127-0427-1　C0011